COLLECTION FOLIO

Alain Page

Tchao pantin

Denoël

Première partie

Bensoussan Story

La nuit, c'est le dernier salon où l'on cause. La nuit, on perd son identité, ses origines, ses racines. La nuit, on est tous de la même couleur. Un peu gris, un peu noirs, c'est selon. On flotte entre chien et loup, entre ailleurs et nulle part. C'est exactement là que je me situe.

Ce type, je l'ai rencontré dans un de ces rades qui n'en finissent pas de fermer, quelque part entre la République et les Lilas, peut-être le long du canal. Peu importe. Les rades aussi perdent leur identité la nuit. Le même pipe-line, le même ennui, les relient.

Je glandais pour ne pas rentrer. Non, personne ne m'attendait. Heureusement. Ç'aurait été pire. J'avais même plus soif. En fait, je tournais en rond. Chevaux de bois de ma gueule de bois. Plus rien ne me semblait digne d'être écrit, décrit. Le no man's land, la brume poisseuse. Le vide, quoi. Métaphysique. Existentiel. Machin, machine, même combat. Des petits robots dont je ne voyais pas la nécessité de parler. Tous semblables, tous identiques. Ombre sur ombre. Qui différencie l'une de l'autre ? On l'a deviné, je commençais à en tenir une sévère.

C'est parce qu'il avait une tronche incroyable que je

me suis mis à regarder ce type. Tout maigre, osseux, l'air d'un loup malade. Un regard de tubard mauvais comme celui d'un camé en manque. C'était peut-être ça. Clope ou joint, quelque chose d'informe et de marron pendait entre ses lèvres.

Un clodo monologuait dans un coin. Le patron avait l'œil vif d'un type qui vient de subir une lobotomie. Et moi-même, je ne me sentais pas très bien. Mon cul pesait une tonne et je ne trouvais pas le courage de l'arracher à la chaise.

Ce mec flottait dans du cuir écaillé et tenait en équilibre sur des santiags éculées. On aurait dit un vieux loubard déshydraté. Il naviguait entre trente et deux mille ans. Semblable à une vieille défroque accrochée à un portemanteau.

J'avais complètement oublié que je le regardais quand il a fini par s'en apercevoir. On s'est retrouvés à se mater comme deux cons. Moi parce que je ne voulais pas baisser les yeux et que et que, lui parce que... Parce que quoi, au fait ? On ne pouvait rien lire dans son œil noir bordé du rouge de l'insomnie.

Pas une expression, pas un semblant de sentiment. C'est sans doute pour ça que je ne me suis pas aperçu qu'il avait pris son verre et qu'il se dirigeait vers moi. Je voulus détourner le regard : trop tard. Sans se gêner, mais sans provocation, il venait de s'asseoir en face de moi.

Et maintenant, c'était lui qui me regardait.

Ça m'arrive de temps en temps d'être tétanisé, comme ça, bêtement, par flemme, par lâcheté. Il suffirait d'un rien pour que cesse cette situation intolérable et pourtant je ne fais rien. Je m'abstrais, je décolle et je plane. Des fois, c'est une baffe qui me réveille : une conne qui prend son pucelage pour une valeur-refuge. Ou bien une invitation à en découdre de la part d'un speedé à la recherche d'une occasion.

Mais dans l'œil de celui-ci, rien de tout ça. Il me regardait. C'était tout. Il me regardait.

Des mecs qui viennent s'installer à ma table, j'en ai l'habitude. D'abord, j'ai une gueule à provoquer les confidences de bistrot. Ensuite, passé minuit, les rades sont peuplés de solitaires assoiffés et volubiles. A quelle catégorie appartenait ce flippé ?

J'ai fini par craquer et lui ai demandé :

— Qu'est-ce que tu bois ?

Il a haussé les épaules. Il avait l'air de s'en foutre royalement. Il s'est contenté de soulever son verre d'un centimètre. Puis il l'a reposé en continuant de me regarder. Il m'a semblé qu'il se marrait. Mais dans l'ombre de ses orbites, y avait pas grand-chose à pêcher. J'ai fait signe au patron :

— La même chose.

Quand il a été servi, il n'a rien dit de plus. Surtout pas merci. C'était pas le genre. Il s'est mis à boire. Il me regardait toujours. Brusquement, j'ai eu un coup de pompe. Ça m'arrive parfois. La déprime. A moins que ça soit une chute de tension, quelque chose qui me manque, le potassium, le calcium, ou bien le phosphore. Nous ne sommes, après tout, que des tubes à essai. Dans ces moments-là, j'aimerais me phagocyter, me bouffer de l'intérieur, disparaître sans laisser de trace. Vous avez dit schizo ?

— T'as l'air de te faire drôlement chier.

Il avait parlé. Un simple constat. Ça n'intéressait d'ailleurs personne. Pas même moi. Il avait une voix de nuit, une voix de radio flippée, râpée au joint, minée au jaja. Comme mon taux de potassium (ou d'autre chose) était toujours au plus bas, je n'eus même pas un geste vague pour lui faire comprendre que je l'avais entendu. En fait, c'était lui qui me faisait chier. Je ne supportais plus sa présence, voilà tout. Merde, j'en ai marre de ces cow-boys. A force de vouloir se singulariser, ils finissent par tous se ressembler.

Dans le tube à essai, les proportions sont enfin redevenues correctes. Mes os se sont consolidés, j'ai repris forme humaine. Alors, j'ai vidé mon verre. L'autre, je l'ai même pas vu faire signe au patron. De nouveau, les verres étaient pleins à ras bord. Ça m'a surpris. D'ordinaire, à cette heure-là, c'est à sens unique. Je m'en fous. J'en ai toujours pour mon pognon. Je les vampirise, tous ces zombies, sans qu'ils le sachent, sans qu'ils s'en doutent. Comme un beau dégueulasse, comme un faux cul patenté, je trimbale toujours avec moi un engin pourri, gros comme un paquet de cigarettes et qui est capable d'enregistrer deux heures de conneries sans que quiconque s'en aperçoive. L'électronique au secours des idées. Balzac avait de l'imagination. Moi, j'ai un microcassette.

Bref, on s'est remis à boire. Puis, comme si c'était chez lui une obsession, il a repris :

— Hein, que tu te fais chier ?

J'ai eu, cette fois, un geste vague qui disait ni oui ni non, ou bien oui, ou bien non. Je lui laissais le choix. Apparemment, ça ne l'intéressait pas : il avait choisi avant. *Il enchaîna :*

— Moi aussi, je me fais chier. On se fait tous chier.

Il sourit. Il lui manquait une dent. Les autres avaient déjà pris une sérieuse option pour la carie. Il se pencha comme pour me faire une confidence.

— Tu connais un moyen pour pas se faire chier, toi ?

— Faut pas faire chier les autres.

Il eut l'air surpris. C'était parti comme ça. Question de réflexe, question de métier. Déformation professionnelle, quoi. Ça m'arrive de déraper, comme ça, brusquement, pour balançer une réplique, faire mon numéro, frimer. Des fois, ça fait marrer, des fois, ça fait splash. J'ai cru que ç'avait fait splash. Non, ça l'a fait marrer :

— Alors toi, t'es chié.

Quand on écluse comme on éclusait, il y a plusieurs stades. Le premier est souvent agressif. Je connais des tordus qui ne peuvent pas s'envoyer deux verres de sauvignon sans mettre le rade à feu et à sang. On l'avait dépassé. Après, il y a le stade déprime. Les mecs te pleurent dans le gilet, te tartinent leur tranche de vie. C'était pas notre genre. Le troisième, c'est celui qui précède le black-out : la marrade. On était en plein dedans. Alors, on a remis ça. Quand on aime, on ne compte plus. Il puait de la gueule. Des vapeurs éthyliques me sortaient de la bouche, du nez, peut-être même des oreilles. Entre lui et moi, une mouche n'aurait pas survécu. Au comptoir, le clodo s'énervait tout seul. Des mots fusaient soudainement. On reconnaissait : ... salauds... ma gueule... fumiers... *Puis ça recommençait.*

A ma montre, il n'était que deux heures du matin. Je ne pouvais rien lui dire, à cette conne, avec sa petite pile au mercure, elle pouvait fonctionner deux ans sans se tromper. On a remis ça. Le grand sifflet tout creux et moi. C'est alors qu'il m'a dit :

— Je vais te raconter une histoire.

Mon tube à essai en a pris un sérieux coup. Mon potassium se faisait à nouveau la valise. J'ai horreur des mecs qui racontent des histoires. Quand elles sont drôles, elles ne me font pas rire, et quand c'est leur vie, c'est toujours la même chose. Alors, sa vie, je lui ai dit qu'il pouvait se la relier en peau de zob, que j'en avais rien à foutre. Chacun sa spécialité.

Il se marrait, ce con. Tellement que je lui en voyais la luette. Pour un peu, j'aurais pu lui faire une endoscopie rien qu'avec l'œil. Après tout, son vide valait le mien.

— Je voulais juste te parler de Bensoussan. Et de Lambert. Et de Lola-la-dingue.

Là, il m'a eu. Il m'a eu comme moi j'essaie de baiser les autres quand je commence une histoire. Le genre : Machin poussa la porte. *Qui c'est, Machin ? Qu'est-ce qu'il y a derrière cette porte ? Pourquoi il la pousse ? D'où il vient, ce con ? Où il va ? Les questions fondamentales, quoi.*

J'ai bu pour oublier. Râpé. J'étais vexé comme un rat mort. Et l'autre qui me dévisageait du fond de son crâne. Encore un qui avait l'éternité devant lui. J'ai recommandé une tournée. Dans des demis, cette fois. Ça n'a rien arrangé. Au comptoir, le clodo avait terminé ses imprécations. Il fondait dans sa vinasse. Le zombie qui nous servait était plus transparent que jamais. Dehors n'existait plus. Pour gagner du temps, j'ai demandé son nom à l'autre squelette. Il m'a répondu :

— T'en as vraiment besoin ?

Je n'en avais pas vraiment besoin. En fait, je m'en foutais royalement. J'étais parti pour oublier jusqu'à mon propre nom. Le compte à rebours était commencé. Il le savait. Je le savais. On s'est envoyé nos deux verres.

Puis, j'ai craqué.

— Qui c'est, Bensoussan ?
— Un paumé.
— Et Lambert ?
— Un paumé aussi.
— Et Lola-la-dingue ?
— Devine.
— Y a que des paumés, dans ton histoire ?
— Evidemment, puisque c'est une histoire de paumés.

En fait, tout a commencé avec Jean-Luc. Sans Jean-Luc, rien ne serait jamais arrivé. Jean-Luc, c'était un flippé de vingt ans qui avait choisi d'être malheureux pour lutter contre la connerie ambiante. C'est rarement le bon combat. A ce jeu-là, t'es plus souvent victime que justicier.

Bref, de conflit en conflit, de malheur en malheur, de dérapage en dérapage, puis de dérive en dérive, Jean-Luc avait fini par choisir la voie la plus étroite, la voie sans issue : il se fixait. A la dure. A la blanche. A l'héro.

C'est toujours le même itinéraire. Le fric, les compromissions, les affrontements, le sursaut, la cure. Mais ça ne te lâche pas comme ça. Tu replonges, tu émerges, tu replonges, etc. Un peu plus bas à chaque fois, car tes frères de malheur sont là pour te retenir. Pas question que tu t'échappes. Quelque part, tout au fond d'eux-mêmes, ils ont choisi de crever, accepté. Au sein de leur univers clos, ils imaginent ça comme une victoire. Une victoire sur la merde environnante. Retourner à l'extérieur, te trouver bien dans cette merde, c'est leur tendre un miroir. Insupportable. Alors, le cocon s'ouvre, chaleureux, t'aspire et finit par t'étouffer un jour ou l'autre.

Jean-Luc, il naviguait sur frontière, sollicité d'un bord et de l'autre. En fait, il refusait de s'avouer que la solution n'était ni d'un bord ni de l'autre, que, finalement, la merde était des deux côtés. Mais Jean-Luc était un tendre. Un jour, la fraternité des paumés prenait le dessus, un autre, la nostalgie familiale l'emportait.

Et c'est justement un soir de nostalgie familiale que tout est arrivé. Le drame, comme on dit dans les faits divers. Tout avait pourtant bien commencé, ce soir-là. La famille enfin réunie. Le père, la mère et l'héritier. Oh, ce n'était pas la franche euphorie, le retour de l'enfant prodigue et le veau gras aux carottes, mais enfin le repas s'acheminait tant bien que mal vers le dessert. Tout a dérapé connement, vraiment connement. Pour une simple histoire de clope. Pour ce sacré paquet de cigarettes qui naviguait entre le camembert et le corbières. A la portée de toutes les mains. Jean-Luc avait donc tendu la sienne vers ces Celtiques viriles et paternelles. Vlouf. L'autre avait raflé le paquet en disant :

— Si tu veux des cigarettes, tu fais comme moi : tu travailles.

C'était reparti pour un tour. Le grand jeu. Le cinérama. Et tout ça pour une clope dont il n'avait même pas envie. Grandiose comme à l'ordinaire, le défilé avait commencé. Les Grands Principes d'abord, en rangs serrés derrière l'Exemple. Que faire, sinon écouter, patienter ? Des mots, des mots, toujours des mots, rien que des mots en colonne par deux. *Ein. Zwei. Ein. Zwei.* Puis, sur fond bleu horizon, juste au-dessus de la ligne tout aussi bleue des Vosges, la Morale avait sauté en parachute. Sus à l'Imagination. Sus à la Liberté. *Taïaut. Taïaut.* A mort, les salopes. Pendues haut et court. Flotte petit drapeau. Apothéose. Fin.

Tout ça pour une clope. Alors attendre, attendre que ça passe, écraser pour elle, la mère, dont tu sens presque l'odeur d'angoisse qui en émane, qui s'en exprime. Qu'est-ce qui l'a fait aussi con, ce mec ? Ses parents ? La Société ? Ou bien la connerie est-elle congénitale, héréditaire et inévitable ? Flic de carrière, flic par vocation, flic à domicile.

Une fois de plus, pour Jean-Luc, il ne restait qu'une issue : se tirer. Repousser soudain la chaise, jeter sa serviette, sortir en claquant la porte à en prendre l'immeuble sur la gueule, mais pas sans avoir balancé avant de sortir un mot vengeur, un mot vachard, pour finir de faire claquer le cristal familial.

Et voilà. C'était de nouveau le *schwartz*, les rues, la dérive, l'errance sans fin. Avec, quelque part, le cocon qui l'attendait. La came, c'est aussi une communauté. Mais ce soir-là, il n'avait pas envie de les retrouver, ses potes camés, Jean-Luc. Il voulait sa solitude pour lui tout seul. Mais la solitude ne va pas sans l'oubli. Et l'oubli, il était au fond de la seringue.

Justement, au tréfonds de la vaste poche de sa veste kaki, détournée d'un surplus américain, il l'avait, l'oubli, Jean-Luc. Suffisait qu'il trouve un coin peinard et tout redeviendrait simple, lumineux. Mais où sont les coins peinards ? Les portes cochères, les escaliers sont à la merci des frimants qui vont, qui viennent. Restent les chiottes. Les innombrables et innommables — chiottes des innommables — et innombrables — bistrots parisiens.

Mais ce soir-là, Jean-Luc avait des goûts de luxe. Il

voulait se shooter en beauté, planer dans la soie, voyager trois étoiles. Et justement, de l'autre côté du boulevard, il y avait...

Ça s'appelait *La Grande Sauterelle*. Tu connais ? C'est cette espèce d'aquarium étrange où de vrais machos viennent mater de fausses nénettes. Une boîte à travelos où la France profonde de la C.X. et du calibre 12 vient conforter sa normalité au spectacle de ces anges de l'étrange, mi-chair, mi-poisson, qu'on foutrait quand même bien dans son lit si le couple célèbre, Dieu et la Morale, ne veillait au grain.

Tandis qu'un bataillon de girls levait la jambe comme un seul homme, Jean-Luc s'était propulsé dans les profondeurs de l'établissement. Il avait fait son plus beau sourire à la dame pipi. Faut toujours se méfier de ces salopes. Elles ont l'œil pour te détecter le pisseur à vingt balles, le chieur resquilleur.

Et voilà. La porte refermée, bloquée, c'était le monde qu'il venait d'enfermer, Jean-Luc. Il pouvait enfin souffler un peu, s'asseoir sur la lunette, se dénouer morceau par morceau. Respirer enfin. Ça sentait le lilas. Des bribes de musique parvenaient à se glisser sous la porte. Là-haut, des Marylin de banlieue et des Mireille de pissotière faisaient semblant. Semblant comme tout le monde. Les uns faisaient semblant de s'amuser, d'autres faisaient semblant d'être choqués. Bof. Tout le monde fait semblant et la vérité, c'est que tout le monde s'en fout.

Il était bien. Il rêvait les yeux ouverts. Il rêvait à ce monde de semblants, de ressemblants, de faux-semblants, de sang blanc et de sang bleu, de sang noir et de mauvais sang. Rire. Et de sens interdits ? Rerire. Mais un rire bizarre, muet, ravalé comme un hoquet d'ivrogne. En fait, il retardait l'instant, Jean-Luc. Au fond de sa poche, sa main était crispée sur son mouchoir à carreaux, car dans ce mouchoir à carreaux, il y avait son petit nirvāna personnel. L'essentiel : la petite cuiller, la seringue et, bien entendu, le sachet, ce sacré petit sachet.

De belles chiottes, bien propres, bien luisantes, où sa silhouette se reflétait verdâtre et ondulante dans la faïence couleur atlantique. Pas comme celles de Bébert, cette balance de Bébert qui du fond de son rade pourri fourguait à la fois de la drogue et des renseignements. Il lui avait dit une fois, Jean-Luc :

— Comment tu peux avoir le nez propre avec les deux pieds dans la merde ?

Voilà. Le diaphragme recommençait à faire son office. Il respirait de nouveau. Odeur de lilas, odeur de printemps. Odeur de vacances. Odeur d'enfance. Cette bon Dieu de nostalgie vous attend à tous les tournants. Elle vous prend les aspects les plus inattendus. Même celui d'un désodorisant de chiottes.

L'écho lointain d'une voix étouffée, éparpillée par le vent, effilochée par les branches :

— *Jean-Luc... Jean-Luc...*

C'était où ? C'était quand ? C'était en des temps lointains et révolus, quand son géniteur de merde n'était pas encore devenu ce roc, cette montagne de béton, cet Himalaya de certitudes, quand il ne campait pas encore dessus, tricolore jusqu'au slip. Ni de gauche, ni de droite. Pour l'Ordre. Au centre de la balance. A cet endroit qu'on appelle justement le fléau.

Une bouffée de musique lui parvint soudain,

balayant la nostalgie. Là-haut, une Marlène rasée de frais devait onduler du croupion. Il se mit à rire. Ceux-là ne seraient jamais pères de rien. Pourquoi n'était-on pas de même fils de rien ? Etre rien soi-même, rester un spermato, virgule parmi des millions de virgules. Pourquoi avait-il fallu qu'il arrive le premier ? Mais qu'est-ce qu'ils ont, tous ces cons de pères, qui ne peuvent pas tirer un coup sans s'imaginer mettre Dieu au monde ?

Toc, toc, toc. On venait de frapper. S'agissait plus de s'attarder, de rêvasser à des hier impossibles. Dieu est mort, soupira-t-il, et ne comptez pas sur moi pour le remplacer.

Il ne lui restait plus qu'à sortir la main de sa poche et avec sa main, le mouchoir à carreaux. Parce que, finalement, au fond des mouchoirs à carreaux, les pères, ils sont ce que tu veux. Figures de proue — ou de peu —, ils flottent à ta guise, épaves ou commandeurs. Tu t'en fous puisqu'ils ne reviendront jamais.

Avec des gestes d'habitué, des gestes d'infirmière, il préparaît sa mixture, Jean-Luc. Il avait ôté sa veste, retroussé sa manche, noué l'élastique. Restait plus qu'à trouver le bon endroit pour l'aiguille, au sein de tous ces drôles de points, ces petits cratères de l'oubli. Son acné juvénile à lui.

Ça devient d'une terrible banalité de se piquer. Machinal. Quasi mécanique. Il avait tout fait comme d'habitude. Tout. Sauf qu'il avait juste un peu forcé la dose pour être sûr de bien effacer cette putain de nostalgie.

Y avait une image qui le poursuivait sans cesse. Il avait six ans. Dans la lumière jaune du palier, ce grand mec qui se découpait, c'était son père. Tous les soirs, tous les soirs, il était là, Jean-Luc. Et il tendait les bras après une longue angoisse, une longue attente fiévreuse. Et tous les soirs, la même déception, le même désespoir. Le rectangle jaune s'effaçait, l'homme passait. Odeur de cuir et de tabac. Viril. Pas le genre à te sucer la poire en te racontant *Le Chat botté*. Et romaine, l'éducation. Romaine.

Alors, ce flash ? Ça vient ?

Jean-Luc s'était de nouveau assis sur la lunette, attendant que s'effacent ses derniers souvenirs, un peu comme se font manger les dernières traces de brume par le soleil levant. Il eut chaud soudain. Mais le soleil n'y était pour rien. Très chaud. Très, très chaud. Une chaleur inhabituelle qui le propulsa, angoissé, vers la porte.

Il l'ouvrit fébrilement, alors que le feu lui parcourait les veines, faisant naître sur son passage d'intolérables démangeaisons. Il tituba jusqu'au lavabo, la bouche grande ouverte, à la recherche d'un ultime souffle d'air. Ses doigts ratèrent le robinet. Il se cassa en deux, comme s'il allait gerber dans le lavabo, se redressa, voulut encore une fois s'agripper au robinet et dérapa soudain sur le talon d'une de ses santiags.

Il tomba à la renverse, sans violence, comme dans un ralenti, et glissa le long du mur entre le lavabo et la porte restée ouverte. Il était blanc, les joues creusées. Son visage ne s'était même pas détendu et sa bouche était restée entrouverte sur un mot qu'il ne prononcerait jamais.

Il venait de rater son nirvāna, Jean-Luc. Il s'était trompé d'orbite. Maintenant, il flottait quelque part, dans ces contrées glacées et obscures, peuplées de pères et de fils qui ne se rencontreront jamais.

Qu'est-ce qu'il me racontait, ce mec? Il me parlait d'un Bensoussan, d'un Lambert, d'une Lola-la-dingue, et voilà qu'il m'expliquait comment un petit con appelé Jean-Luc s'était foutu en l'air avec une overdose.

— Si je t'en parle, c'est qu'y a un rapport.

Puisqu'il le disait. J'étais morose. Une résurgence du stade déprime. Les mélanges, sans doute. J'avais envie de pisser et la flemme d'y aller. Maintenant, le clodo avait le regard fixe des mystiques et des alcooliques incurables. Le patron comptait ostensiblement sa caisse dans le fallacieux espoir de nous voir partir. C'était mal nous connaître, le flippé et moi.

Farceur, je me levai et me dirigeai vers la porte, allumant une lueur d'espoir dans l'œil du zombie. Une fois à la porte, je me retournai pour dire :

— Je vais pisser.

Le grand sifflet montra nos deux verres. Résigné, le patron reprit la bouteille et le chemin de notre table.

Dehors, l'air était mouillé. J'eus l'impression brutale et désagréable d'enfiler une serpillière. Y avait bien un canal, glauque et clapotant comme une bassine d'eau de vaisselle. Tandis que je pissais dedans, j'imaginais Maigret remontant le canal, filant le train à Simenon et cherchant l'endroit propice où le pousser à l'eau. On ne tue jamais assez son père.

Lorsque je rentrai, nos verres étaient pleins. Le clochard clochardisait et le zombie zombissait. Moi, je me rassis en finissant de zipper mon jean. L'autre campait toujours au fond de ses orbites. Il y était tapi comme un homme des cavernes, un fauve assiégé. Il m'emmerdait. La jungle nous cernait. On finirait tous par se faire becter un jour ou l'autre. C'était la règle. La Loi. Avec un rien d'irritation et juste ce qu'il fallait de défi, je lui dis :

— Et tes paumés ?

— J'y arrive, j'y arrive.

Il me refaisait le coup de l'éternité. Je fis mine de ramasser mes clopes, de boutonner mon blouson, d'avaler mon verre. Il ne fut pas dupe un instant. J'entrevis ses chicots. Ça devait être un sourire. J'allumai une cigarette. Il prit encore le temps de boire, la vache. Puis, il dit :

— Je vais d'abord te raconter comment Bensoussan a rencontré Lambert.

Mon petit engin pourri ronronnait déjà au fond de ma poche. C'était prématuré. Une fois de plus, mon flippé se regardait de l'intérieur. Je l'imaginais tout creux, tout vide, simulacre plutôt qu'homme. Une poignée d'électronique, un microprocesseur pour actionner le tout : l'homme de demain. Qu'est-ce que je tenais. Sa voix synthétique me parvint à travers toutes les choses qui flottaient entre nous.

— Attends. Vaudrait peut-être mieux que je te parle d'abord de Toni.

— Qui c'est encore, celui-là ? Un autre paumé ?

— On peut pas dire vraiment. C'est un mec qui est

venu de loin à pied. C'est les plus mauvais, les plus teigneux. Un Yougo, pour ne rien te cacher. Et un Croate, qui plus est. Tu connais pas, toi ? C'est ceux qui considèrent les Serbes comme des pédés.

— Et les Serbes, c'est ceux qui traitent les Croates de grands singes analphabètes.

— Je vois que tu connais les Yougos, fit-il d'un air morose. Puis il ajouta : je suis serbe.

Il était penché sur son verre et en examinait le fond comme si un Croate était en train de s'y noyer. Mon engin pourri défilait pour rien. Je m'impatientai.

— Alors ? Ton Croate ?

Il releva la tête. Il souriait de tous ses chicots.

— Toi..., t'as vraiment une sale mentalité. Alors, pour toi, la fraternité de la nuit, ça ne représente rien ?

— Si. Des verres qui se vident et se remplissent, qui se vident et se remplissent, qui se...

Il soupira. Je l'avais peut-être vexé quelque part. Ou bien peiné. Allez savoir avec ce genre de flippé. Il sortit de la poche de son blouson une chose informe qu'il posa près de lui. Il garda la main dessus un instant. Je me doutais du contenu de la chose. Il soupira encore, dit comme pour lui-même :

— Vaudrait peut-être mieux que je commence par le commencement.

Il m'énervait. C'était quoi, pour lui, le commencement ? C'est toujours la même chose avec les amateurs, ils se lancent dans des choses qui les dépassent et qui finissent par n'avoir ni queue ni tête.

— Alors ?... C'est pour aujourd'hui ou pour demain ?

— C'est pour aujourd'hui, sourit-il..., puisqu'on est déjà demain.

Un ululement acide, décapant, s'éleva soudain dans

le bistrot, nous hérissant les poils jusqu'aux roubignolles. C'était le clodo qui lançait son chant du cygne avant de sombrer dans le coma.

— Arrête tes conneries.

Qui avait dit ça ? Et à qui ? J'en savais foutre rien et je m'en battais l'œil, un œil qui commençait à donner dans le flou artistique. En plus, j'avais de nouveau envie de pisser. Qu'est-ce qu'il nous refilait, l'autre zombie ? Du diurétique ? Le flippé dit soudain :

— Tu te fous de Lambert, hein ?

— Et de Bensoussan aussi.

Il ne fit pas de commentaires. Il ouvrit la chose informe qu'il tenait sous sa paume et commença à se rouler un joint avec ses longs doigts tout jaunes, aux ongles cassés. A sa façon, c'était un méticuleux. Chaque miette qui tombait était récupérée. Il sortit ses allumettes et alluma son petit rouleau de papier. Il aspira profondément, en habitué. Une bouffée, puis deux. Il me refila le joint déjà mouillé, déjà marron. Derrière son comptoir, le zombie se mit à renifler. Dans son œil, une lueur qui pouvait passer pour intelligente s'alluma. Je pompai à mon tour. Cette merde était valable.

— Hé ! fit le patron.

— Ta gueule, dit paisiblement le flippé sans même tourner la tête.

Je me suis marré. J'en avais marre de faire mon numéro. Surtout que celui-là ne me plaisait pas. Face à ce grand sifflet, je n'arrivais pas à trouver le ton. Je me demandais pourquoi depuis le début. Puis, ce fut lumineux. Il ne faisait pas de numéro, lui. *Il était authentique,* lui. *C'est moi qui étais bidon, tantôt chèvre, tantôt chou, selon le lieu, l'heure ou l'humeur. Je changeais de peau comme de chemise. Je sautais de l'une à l'autre et je savais bien pourquoi : je me fuyais. Alors qu'en face, il s'acceptait,* lui.

Le zombie faisait la gueule. Les joues vertes et creuses du clodo étaient envahies de barbe comme un jardin d'herbes folles. Il pouvait être vivant, il pouvait être mort. Je repassai le joint au flippé. Fraternité d'un instant. Il le prit sans que je sache si j'existais encore pour lui. Gentiment, je lui dis :

— Alors ? Lambert et Bensoussan, y se sont mariés ?

— Non, fit-il sérieusement. Mais c'est tout comme.

— Tu déconnes ou quoi ? Et Lola-la-dingue, alors ?

Je fantasmais sur cette nana. Pensez, avec un nom pareil. Et puis, macho depuis huit jours, il me fallait de la fesse. Ma petite amie s'était fait la valise une semaine plus tôt parce qu'elle m'avait sommé de choisir entre elle et plein de choses marrantes. J'étais donc en manque, prêt à y aller de ma larme sur une histoire de cul contrariée. Il me fallait toujours un alibi pour m'attendrir sur moi-même. Soudain, le zombie fit une drôle de tentative. Il cria comme quelqu'un crie au secours :

— Je vais fermer !

Ça ne parut intéresser personne, et ce fut lui qui la boucla. Mieux, le flippé dit, sans élever la voix :

— La même chose.

Conditionné, le zombie rappliqua. Il remplit les verres et ne protesta même pas lorsque l'autre lui prit la bouteille des mains. Merde. D'où il sortait son autorité, ce mec ? Moi, j'ai toujours des conflits avec les loufiats. On dirait qu'ils ne m'entendent jamais, que je suis transparent. Le flippé se pencha et, comme pour répondre à ma question, dit :

— Y a des mecs qui sauront jamais s'imposer dans la vie.

— Tu dis ça pour moi ?

Il eut l'air surpris.

— Non... Je pensais à Bensoussan.

Il était temps qu'on y revienne, à celui-là. Je refis démarrer mon engin pourri, mon pompeur d'idées, mon voleur de vie. Puis je changeai de fesse. Deux verres tout neufs, tout beaux, tout pleins, se dressaient devant nous. Le flippé tira une dernière fois sur le joint qui était devenu une chose informe, puis il commença à me raconter cette bizarre histoire de nuit, cette foutue saga de paumés.

La rencontre historique entre Bensoussan et Lambert eut lieu avenue Philippe-Auguste, une nuit où il tombait des cordes. Une pluie qui s'était trompée de région, tropicale, presque équatoriale. Avec ça, un vent qui l'envoyait claquer sur les façades, les vitrines et les réverbères.

La Mob le lâcha sans prévenir, alors qu'il arrivait au carrefour qui sépare l'avenue Philippe-Auguste du boulevard de Ménilmontant. Elle eut une sorte de pfutt lamentable et de véhicule mobile à deux roues devint un sale tas de ferraille pourri.

Bensoussan était habitué à ces coups du sort. Le Destin et lui avaient entamé depuis sa naissance une sournoise partie de cache-cache dans laquelle Bensoussan perdait plus souvent qu'à son tour. Il ne jura donc pas, ne fila pas le moindre coup de pied à l'engin, et se contenta de le pousser jusqu'au trottoir. Après tout, c'était de sa faute : quand on pique une Mob, autant piquer une Mob qui marche. Mais Bensoussan était ainsi fait qu'il avait l'impression de voler moins en volant des engins pourris. Bensoussan volait pauvre.

Une heure du matin. Cet engin de merde était

irrécupérable. Il ferait le bonheur d'un clodo qui le revendrait en pièces détachées à Montreuil. Restait plus à Bensoussan qu'à finir le chemin à pied en maudissant les dieux antagonistes qui avaient présidé à sa naissance. Car Bensoussan, mi-juif, mi-arabe, s'imaginait volontiers le lieu géographique, le champ clos favori de Yahvé et d'Allah, ces frères ennemis qui se livraient une lutte millénaire et sans merci.

Alors qu'il relevait le col de son blouson, il aperçut la voiture. Clignotant de ses feux jaunes et bleus, c'était la Loi, l'Autorité qui s'avançait en silence, sans hâte, curieusement déformée par le rideau de pluie.

Une scène d'une simplicité biblique, aurait pu dire Bensoussan. D'un côté, la voiture de flics, avec cette lenteur calculée des fauves en chasse, de l'autre un métèque, jeune de surcroît, long chevelu, autant dire le gibier idéal.

La voiture était arrêtée au feu rouge. Un sursis que Bensoussan se devait absolument de mettre à profit. Une jeune mais déjà longue expérience lui avait appris que les flics ont une sainte horreur des gestes brutaux et des mouvements précipités. Qu'il accélère le pas, et c'était la chasse à l'homme.

Tout en ayant l'air de parfaitement savoir où il allait, Bensoussan avait, d'un coup d'œil circulaire et exercé, fait le tour des abris possibles. Maigre, maigre. Seulement, à quelques pas de là, une station-service de nuit. Donc ouverte. Sa grosse coquille jaune s'agitait sous le vent. Premier problème : les flics l'avaient-ils vu ou ne l'avaient-ils pas vu avec la Mob ?

Sans hâte, comme un type qui glande en faisant pisser son chien au Bois, Bensoussan pivota sur ses tennis qui faisaient floc, floc, et se dirigea vers la station-service.

Fin du premier tableau.

Second tableau.

Une station-service de nuit. Les pompes habituelles, abritées par un auvent. Station de gonflage. Pneus. Un bureau éclairé dont la vitre est à moitié mangée par la buée. Et à l'intérieur, un personnage, un seul : Lambert.

Lambert avait regardé machinalement les feux clignotants de la voiture de flics, puis il s'était envoyé une grande giclée de rhum. Toute cette eau lui donnait froid. Soif aussi. Mais tous les temps donnaient soif à Lambert.

Puis, à travers les brumes superposées de l'alcool et de la vitre, il entrevit cette drôle de silhouette flottante, cette espèce de chose verticale qui s'approchait lentement, *trop lentement,* de la station. Il se pencha, et du coude se fit une sorte de lucarne dans la buée. C'était bien ça, un pékin ruisselant arrivait d'un pas de promenade. A une heure du matin. Et sous une pluie battante.

Jean, blouson, chevelure bizarre : un jeune. Presque machinalement, Lambert ouvrit un des tiroirs du bureau. Celui où il y avait une matraque.

De l'autre côté de la vitre, Bensoussan apparut soudain, fantôme dégoulinant qui semblait fondre sous la lumière crue et jaune de l'enseigne.

Derrière, bien que le feu fût vert, la voiture de flics n'avait toujours pas bougé. Bensoussan avait l'intime conviction que c'était à cause de lui. Il sentait les gros yeux jaunes posés sur ses épaules, il en percevait presque la brûlure. Dans ces cas-là, sa philosophie était simple : quand on est poussé au cul, faut continuer d'avancer.

Il avança donc et poussa la porte du bureau. Lambert reçut un air humide et glacé qui asticota son envie de picoler, tandis que Bensoussan se sentait enveloppé de chaleur, d'ouate, de nuages doux et chauds. Manquait plus que les chœurs.

Pour la première fois de leur vie, Bensoussan et Lambert se trouvaient face à face. Aucun des deux n'eut conscience de l'importance de cette rencontre sur leurs destinées respectives. Il n'y avait d'ailleurs aucune espèce de raison pour qu'ils en eussent conscience.

Lambert ne voyait devant lui qu'un Arabe frisottant avec une gueule pas possible en accent circonflexe, qui donnait l'impression que l'eau coulait dessus en suivant une pente à 45°. Moins de dix-huit ans sûrement, un œil mobile, attentif, déjà averti, mais où flottait néanmoins encore un fond d'innocence, peut-être d'incurable naïveté. Il tenait les mains écartées, trop écartées, comme s'il voulait absolument prouver que ses intentions étaient pures, et curieusement, ça lui donnait l'air d'un cow-boy sur le point de défourailler. Au blouson de plastique manquait une patte et quelques boutons. Le jean s'était délavé sans qu'on l'eût aidé. Le coin d'un sac, venant d'un Prisu quelconque, émergea du blouson lorsque Bensoussan baissa la fermeture Eclair. Pauvre, incontestablement pauvre. Normal, avec une tronche pareille.

Au feu, qui était maintenant au rouge, la voiture de flics n'avait pas bougé.

Bensoussan, lui, vit en face de lui un Français moyen, un de ces mecs interchangeables, qu'on ne se fait pas faute d'interchanger d'ailleurs. Pompistes, conducteurs de métro, chauffeurs de taxi, loufiats en tout genre, Bensoussan les confondait volontiers. C'était l'ennemi du quotidien, le raciste pauvre, celui qui te traite de métèque, de « retourne-donc-chez-toi », de bouffeur de pain français. L'autre, quoi. Celui qui ne se fera jamais à ta différence. A n'importe quelle différence, d'ailleurs, tant que celle-ci ne devient pas un fait majoritaire. Et cesse, de ce fait, d'être une différence.

Lambert et ses quarante-cinq balais. L'allure d'un mec sur le point de vieillir en accéléré. Le visage s'arrondissait, se boursouflait, tandis que l'œil s'y enfonçait, un peu trop humide, un peu trop rouge. Sous la combinaison de mécano, de même le corps prenait une pesanteur excessive, semblait s'enraciner dans le sol avant de s'y enfoncer définitivement.

Ces deux-là n'avaient rien à se dire, sinon à s'envoyer, au hasard d'une rencontre, leur misère à la figure. Ils n'auraient même jamais dû se rencontrer.

Feu vert. Et la voiture de flics, comme garée là, comme oubliée. Mais il y avait ses deux gros yeux jaunes qui guettaient, et derrière ceux-ci, d'autres paires d'yeux... trois, quatre... qui devaient imaginer Allah (ou Yahvé) sait quoi.

Sous la chaleur ambiante, Bensoussan commençait à fumer. Lambert, lui, mourait de soif. L'un était bien, l'autre pas. L'autre se mit donc à parler :

— En panne ?

— Ouais.

— Il t'en faut combien ?

Bensoussan ne fit même pas attention au tutoiement. Il avait l'habitude. Même les gentils le tutoyaient. Enfin, ceux qui s'imaginaient l'être. Ceux qui avaient le sourire trop amical, le rien trop chaleureux qui voulait dire : tu sais, moi, pas raciste.

— Combien de quoi ? demanda Bensoussan, surpris.

— Ben... d'essence.

— C'est pas l'essence... c'est la bougie.

N'importe quoi, n'importe quoi pour gagner du temps, pour que cette grosse mouche à merde à yeux jaunes se tire enfin. Fatalement, Lambert devait finir par remarquer les regards de Bensoussan en direction des flics. Il remarqua. Puis :

— Quel modèle de bougie.

— C'est pour une Mob.

On verrait bien. Ça valait bien quinze balles. Lambert se mit à chercher sans trop de hâte. Autour des pieds de Bensoussan, il y avait maintenant une flaque d'eau. Il n'osait pas bouger, de peur de la faire gicler. Il n'osait pas bouger tout court, comme si le fait de rester parfaitement immobile suffisait à suspendre le temps.

Puis, là-bas, ô miracle, alors que le feu était pourtant au rouge, la grosse mouche se mit à traverser le carrefour après un bref coup de sirène. Bensoussan emplit ses poumons d'un air qui fleurait bon la S.A.E. multigrade. Ouf. Ouf.

Parfaitement synchrone, Lambert dit alors :

— J'en ai pas.

Lui aussi avait vu que la voiture était partie. Bensoussan en était persuadé. Il sourit. Pof, pof, ça fait rien, mon frère, même que je suis pas sûr que c'est la bougie, même que cette Mob, elle est pourrie, et même qu'elle peut retourner dans le ventre de sa mère, cette pute encalaminée. Parole d'honneur.

Maintenant, Lambert était pressé de voir se tirer le petit métèque. Urgence. Quelque part dans son organisme, quelque chose criait après une giclée de rhum.

— Bon, ben, salut... et merci quand même.

Lambert le regarda partir. Quand il serait à la deuxième pompe, à la deuxième pompe seulement, il prendrait alors sa bouteille de rhum. Stop, chrono. Lambert s'envoya une dose royale. Il en sursauta. Là-bas, il eut l'impression que Bensoussan s'éloignait dans deux petits bateaux blancs qui flottaient sur l'asphalte mouillé.

Hélas, Bensoussan épongeait le trottoir à chaque pas. Mais cette fois, Bensoussan s'en foutait. Il pensait, il gambergeait tandis qu'il remontait le boulevard de Ménilmontant désert, le long de ce parc solitaire et glacé qu'on appelle le Père-Lachaise.

Est-ce que le pompiste avait fait exprès de prendre son temps pour chercher la bougie ? Est-ce qu'il n'avait pas fait seulement semblant de chercher ? C'étaient des choses importantes pour Bensoussan qui recherchait désespérément, et toujours en vain, à travers d'infimes riens, une trace, un soupçon de chaleur humaine à son égard.

Il tourna rue des Panoyaux, une drôle de rue parisienne avec des échappées campagnardes sur de petites maisons rurales oubliées des promoteurs, des vestiges de potagers, des ombres de jardins. Une cité d'urgence pour immigrés noirs s'était plantée là, au milieu de tout ça, tandis que des arrière-cours se faisaient occuper par d'autres immigrés. Des Maghrébins, comme on dit, quand on ne veut pas avoir l'air raciste. Des mémères à chien-chien et des pépères à la retraite cohabitaient, et aux odeurs du bourguignon autochtone se mêlait désormais celle plus subtile du hash d'importation.

Bensoussan habitait cité du Labyrinthe. C'est-à-dire qu'il occupait là, paumé parmi d'autres paumés, une piaule minuscule, gourbi obscur, lieu de méditation forcée, qui offrait une vue imprenable sur la lessive de la voisine. Selon les vents, le chou ou la merguez se disputaient les quelques mètres cubes d'air vicié. Néanmoins, avec les moyens du bord (ceux que la morale réprouve généralement), Bensoussan s'était fait là une sorte de havre, un cocon bizarre, une nacelle de paix, suspendue entre le temps et l'espace, le jour et la nuit, l'être et le néant.

D'un tapis râpé aux prétentions jadis persanes, il avait recouvert le carrelage inégal et morcelé. Devant la fenêtre, un store vénitien déglingué et sauvé d'une poubelle laissait passer un jour de toute façon parcimonieux. Dans un angle, à même le sol, un matelas de même provenance enveloppé de soie rouge et recouvert de coussins multicolores invitait au farniente, à la paresse, au sommeil sans rêve.

Et puis, et puis, tout autour de la pièce, tapissant des murs qu'on ne voyait plus, des bouquins, des bouquins, des bouquins.

Mais pas n'importe quels bouquins. Tout cela n'avait rien à voir avec ce qu'il est convenu d'appeler la bibliothèque de l'honnête homme. D'abord parce que la plupart de ces ouvrages avaient été piqués au hasard des librairies ou autres réservoirs à livres. Ensuite parce que Bensoussan avait réussi ce miracle d'être à la fois encyclopédique tout en se spécialisant étroitement. Lui, l'autodidacte, le laissé-pour-compte de la Culture, l'orphelin des Lettres, l'amputé du Savoir, il avait l'ambition de tout connaître, de tout apprendre, de tout appréhender.

Pour ce faire, au lieu de tapisser les murs de sa chambre d'œuvres célèbres mais rarement universelles, il avait opté pour la collection complète des ouvrages de la fameuse série *Que sais-je?* Ni plus ni moins. Des centaines et des centaines de volumes qu'il se farcissait scrupuleusement, dans l'ordre chronologique, volume après volume, nuit après nuit, à la lueur d'une lampe étrange un peu rougeâtre, style bordel 1925.

Bensoussan en était au numéro 676, intitulé *Le Siècle d'Auguste,* par P. Grimal, et allait aborder incessamment le numéro 677, *L'Homéopathie,* par P. Vannier. Autant dire que Bensoussan avait élevé l'éclectisme à la hauteur d'une doctrine. Cette fringale de connaissance lui était venue le jour où il s'était rencontré, prenant ainsi conscience de son existence. Et surtout de celle de son physique.

Cet événement avait eu lieu par le truchement d'un miroir dont le tain, plus très frais, lui avait néanmoins permis de se rendre compte combien il avait une sale gueule si on se référait aux canons traditionnels de la beauté, telle que la conçoit l'Occidental moyen gavé de frites et de jaja devant son écran de télé.

Bien qu'il évitât le moindre rayon de soleil et que, de ce fait, il fût bien plus blanc qu'un estivant moyen, Bensoussan ne pouvait gommer une morphologie qui, selon les circonstances, le faisait étiqueter de jeune Maghrébin ou de sale raton.

Puisqu'il ne pouvait guère compter sur son physique pour se hisser dans l'échelle sociale, Bensoussan avait donc décidé de privilégier l'intellect, de sacrifier à la culture. Ceci ajouté à une absence totale de scrupule semblait être une bonne base de départ pour ce Rastignac un peu trop typé.

Quand Bensoussan repoussa la porte de sa chambre, il s'y appuya. Après cette longue méditation pédestre et copieusement arrosée, il n'était pas encore parvenu à trancher. Le pompiste lui avait-il ou non fait une fleur ?

Il quitta ses vêtements dégoulinants et entreprit d'essuyer soigneusement le sac en plastique marqué *Prisu*. Car à l'intérieur, anodins et discrets, il y avait trois petits sachets de papier, trois *échantillons* garnis d'une poudre blanche qui n'aurait pas manqué de susciter l'intérêt des flics si ceux-ci avaient eu la possibilité d'y tremper un index humide afin de la goûter. Un palais de flic, même si ça manque de finesse au niveau du quotidien, ça sait parfaitement vous reconnaître de la came quand ça tombe dessus. Notamment quand il s'agit de vraie, de dure. D'héroïne.

Bensoussan, voleur d'oranges, piqueur de troncs (d'église), enjambeur de Mobs, tentait de passer la vitesse supérieure en devenant un de ces petits dealers qui hantent les alentours de Belleville ou du faubourg Montmartre. Tout cela grâce à la filière d'un certain Toni, Croate bon teint, dont le bar s'ouvrait jusqu'à une heure avancée dans la nuit dans la rue Saint-Maur.

Bensoussan n'avait pas besoin de se piquer pour rêver. Il lui suffisait d'observer ces trois petits paquets pour décoller, imaginer derrière ces trois petits paquets d'autres petits paquets, plein d'autres petits paquets qui lui permettraient de toucher un jour le gros. Le gros paquet, patate.

La morale dans tout ça ? Bensoussan avait depuis

longtemps remarqué qu'il y avait une grave incompatibilité entre ce mot et celui de survie. Un beau thème pourtant. De quoi remplir tout un volume de la collection *Que sais-je?* Il rêva un instant. Il voyait très bien le titre de l'ouvrage, il lui sautait aux yeux, en caractères bien noirs sur une bande bien rouge. *Morale et Survie,* par Y. Bensoussan. *Y,* pas Youssef. *Y.* Avec un peu de chance, les gens imagineraient... Yves, par exemple.

Bensoussan s'endormit dans ses coussins multicolores, un sourire léger sur ses lèvres adolescentes, la main refermée sur ses sachets d'héroïne, comme celle d'un gamin sur son nounours, comme celle d'une petite fille sur sa poupée, comme celle de n'importe quel gosse normal sur son rêve innocent.

Là-bas, dans la station-service, Lambert perdu au fond de sa brume intérieure, bien plus épaisse que l'autre, Lambert n'était pas très loin de l'oubli qu'il recherchait nuit après nuit, bouteille après bouteille.

Bensoussan ne comprit jamais pourquoi huit jours plus tard, il s'arrêta vers une heure du matin à la hauteur de la station-service. Il pleuvait toujours, mais à la pluie d'orage avait succédé une petite pluie froide, bien dégueulasse, bien vicieuse, de celles qui s'insinuent jusqu'au slip.

A peu de chose près, c'était un remake de la scène précédente. Il ne manquait que la grosse mouche à merde aux yeux jaunes. La Mob était d'emprunt, comme l'autre, mais elle fonctionnait encore. Derrière la vitre mangée par la buée, Bensoussan entrevoyait la silhouette de Lambert. Trempé comme une vieille serpillière, Bensoussan pelait de froid.

Mais d'être arrêté là, à regarder, à deviner plutôt, la silhouette du pompiste, ne répondait pas à la question qu'il se posait depuis huit jours : Lambert avait-il fait exprès ou non de traîner en cherchant la bougie, afin de laisser aux flics le temps de partir ? Pour Bensoussan, ce chien, ce galeux, plus habitué à collectionner les coups de pompe que les sourires, c'était une question primordiale et sans prix.

Et comme la réponse à cette question ne s'inscrivait pas en lettres d'or sur la vitre du bureau, Bensoussan descendit de son engin sans trop même s'en rendre compte, et se dirigea vers les pompes.

Derrière son bureau, Lambert baignait dans une douce chaleur. Il avait atteint la dose idéale, celle où les souvenirs, bien que présents, flottent alors sans importance. C'est la dose qui te dématérialise, la dose qui te fait rire de tout et de rien, de rien surtout, la dose qui précède tout juste l'autre, celle qui te précipite dans l'autre enfer, l'éthylique, l'enfer aux semelles de plomb.

La brume n'était que légère, comme un flou volontairement artistique. Bidons luisants, batteries d'essuie-glaces, présentoirs de bonbons multicolores flottaient quelque part. Une dose de plus et le manège se mettrait à tourner, à tourner, et Lambert savait qu'il n'aurait pas le pouvoir de l'arrêter. Pas plus qu'il n'avait le pouvoir de s'empêcher d'avaler cette nom de Dieu de dose.

C'est en se penchant pour attraper la bouteille de rhum qu'il aperçut quelque chose de vaguement familier bouger de l'autre côté de la vitre. Il essuya la buée d'un revers de manche machinal. C'était bien ça. Cette chose dandinante qui s'avançait vers les pompes lui rappelait... mais quoi ? Dur, quand on se force à oublier tout ce qui n'est pas aujourd'hui, de devoir solliciter sa mémoire. Elle regimbe, la garce, et c'est normal. Qui aimerait être traité ainsi ?

L'engin à pattes était arrêté près des pompes, sous l'auvent. Qu'est-ce qu'il pouvait bien foutre là ? Sa bouteille à la main, Lambert regardait, indécis. C'était quoi, c'était qui, exactement ? Une voiture de police se matérialisa soudain au feu rouge et quelque part dans le cerveau embrumé de Lambert, un souvenir s'imposa. Une carte postale identique, à un ou deux détails près.

Quand on est gibier, on sent le chasseur avant même de l'avoir vu. Bensoussan n'avait pas besoin de se retourner. Il savait. Il savait que la voiture qui venait de s'arrêter était une voiture de flics. Il ne bougea pas. Il avait les yeux fixés sur la masse aux contours incertains qui était penchée sur la vitre.

Contre toute attente — surtout celle de Bensoussan —, la voiture de police démarra dès que le feu passa au vert. Bensoussan se sentit tout con. Tout con pour des millions de raisons. Qu'est-ce qu'il faisait là ? Il attendait quoi ? Il espérait quoi ?

Ils étaient ainsi tous les deux à se regarder sans se voir vraiment. Ils ne s'épiaient pas, non, ils se regardaient, aussi perplexes l'un que l'autre sur les raisons qui les faisaient se regarder.

Bensoussan sentit plein de courants d'air s'insinuer en lui. Sous la chemise et dans le cœur. Tchao, mon frère, je me les caille, et puis, hein ? qu'est-ce qu'on aurait à se dire ?

Il descendit le petit trottoir où se trouvaient les pompes et quitta l'abri de l'auvent.

Un raton, pas laveur, mais lavé par la pluie, zébré d'un sourire pas possible. C'était le souvenir qui se hissait à la force du poignet dans la mémoire poisseuse de Lambert. Puis un regard. Un regard traqué, un regard de gibier, paumé, éperdu, encore teinté d'innocence. Un regard, il s'en rendait compte maintenant, qu'il cherchait en vain à oublier depuis huit jours. *Parce que c'était un regard qu'il connaissait, qu'il reconnaissait.*

Comme Bensoussan quittait l'auvent, sans même réfléchir, Lambert fit le tour de son bureau et ouvrit brusquement la porte. Il cria :

— Hé !

Bensoussan s'arrêta et se retourna, tout en cherchant à analyser ce « Hé ! ». Il n'y parvint pas. Il n'y sentait aucune hostilité, pas plus que de menace. Ce n'était pas non plus le « Hé ! » amical, celui du pote qui vous hèle pour vous offrir un pot. Non, c'était un « Hé ! » ambigu, chargé de mystère, d'incertitude, mais qui excita la curiosité de Bensoussan. Si bien qu'au lieu de filer comme un dard, il resta là, les bras ballants, à regarder ce pompiste qui répétait en agitant le bras :

— Hé !

Alors Bensoussan s'approcha, avec une méfiance qui lui venait à la fois de ses ancêtres et de sa jeune expérience. Il s'arrêta à deux pas de Lambert. L'enseigne qui se balançait créait une curieuse auréole autour de ses cheveux luisants de pluie. Un drôle d'ange dont la chute aurait perturbé le portrait. Lambert murmura enfin :

— C'est la bougie ?

— Non.

— L'essence, alors ?

Bensoussan ne répondit pas, parce qu'il ne savait pas quoi répondre. C'était tellement inattendu, tellement surprenant, tellement renversant, ce mec qui s'intéressait brusquement à lui. Et sûrement pas pour lui fourguer une bougie ou quelques litres de mélange. Alors ?

Et voilà que Lambert lui faisait signe d'entrer. Mais oui, c'était bien ça. Il ne rêvait pas, Bensoussan : *Lambert lui faisait signe d'entrer.*

Il entra. Il entra dans le bureau, mais il entra aussi dans la vie de Lambert, à l'instant même où Lambert entrait dans sa vie.

Alors, au fil des jours, au fil des semaines,

s'établirent entre ces deux représentants de l'humanité souffrante des liens curieux, bizarres, tantôt amicaux, tantôt agressifs, toujours affectifs malgré les apparences, des liens composés d'un mélange de complicité et d'incompréhension.

Lambert n'était pas bavard, il ne l'avait jamais été. Il n'avait aucun commentaire à faire sur le monde. Quant à ses souvenirs, il n'allait pas s'amuser à les évoquer alors qu'il s'employait consciencieusement à leur tordre le cou, à les noyer dans l'alcool.

Bensoussan parlait pour deux. Bensoussan, qui n'avait jamais parlé qu'à ses murs ou à lui-même, ce qui revenait strictement au même, Bensoussan parlait enfin à quelqu'un. A quelqu'un qui l'écoutait. Alors, il parlait, parlait, le petit métèque, il racontait, évoquait, enjolivait parfois, brodait souvent, se laissant même aller jusqu'à délirer dans certains moments d'euphorie, quand Lambert avait, par exemple, ce bon sourire de l'homme détaché des contingences matérielles. C'est-à-dire, quand il était rétamé. Avec tout de même, parfois, une réaction, quand Bensoussan poussait le bouchon un peu loin :

— Tu déconnes.

Avec sa variante dans les cas extrêmes :

— Arrête tes conneries.

Ainsi, au début, quand Bensoussan, profitant d'une homonymie, avait voulu lui faire croire qu'il était le neveu du fameux Bensoussan, Farid Bensoussan, le roi du couscous, l'homme aux vingt restaurants. Ça n'avait pas marché. Pas plus qu'il n'avait réussi à persuader Lambert qu'il était l'heureux propriétaire d'une Kawasaki 1000.

Elle existait pourtant, cette Kawa 1000, et il était même arrivé à Bensoussan de poser ses fesses dessus.

Cet engin de rêve appartenait en fait à Toni, le beau Yougo qui, abusant de l'admiration de Bensoussan, en avait profité pour le charger de son entretien. Toni ne supportait pas la moindre tache sur son gros cube. Il fallait que les chromes soient, si l'on peut dire, nickel, et que le reste étincelle de la jante à la plaque de police. Toni avait même loué un box dans la vaste cour d'un immeuble de la rue voisine. C'était là que Bensoussan officiait.

— ... mais je sais la conduire, avait dit un soir Bensoussan à Lambert.

— Arrête tes...

— Mais si, quoi, merde. Puisque je te dis que je sais. Après tout, hein, c'est comme une Mob. Juste un peu plus lourd, quoi.

Oui, il savait vraiment, Bensoussan. Cette fois, il ne frimait pas. Il avait le don, quoi. D'autres, à sa place, se seraient pété la gueule, auraient emplafonné dix passants, trois voitures et deux vitrines. Ben, non. Lui, il avait réussi, sans qu'on le lui apprenne, à arracher à la pesanteur cet engin de près de trois cents kilos, à tenir en équilibre dessus et à rouler avec.

Ah, l'ivresse. Ah, le pied. Dans ces instants-là, il s'extrayait de la merde environnante, Bensoussan, il la survolait, il la méprisait. Elle n'était plus qu'une contrée éloignée, un désert lointain, sans importance. Inexistante, mon frère.

L'alcoolo et le métèque. Une vraie fable.

Maître alcoolo, penché sur son bureau, tenait en son bec un goulot,
Maître métèque, par ce mec attiré, tenait à peu près ces propos...

L'un buvait, l'autre pas. L'un parlait, l'autre pas. A la fois contraires et complémentaires. Il avait fallu rien de moins que la nuit et la solitude pour les faire se rencontrer, les faire se supporter.

— Qu'est-ce que tu fais dans la vie, toi ? avait un jour demandé Lambert.

— Je bricole, avait répondu Bensoussan, pour une fois modeste.

Lambert, qui venait d'enfiler ses semelles de plomb, n'avait pas insisté. Mais la question restait posée et elle était là entre eux, nuit après nuit.

Bensoussan ne débarquait jamais avant une heure du matin. Autant dire qu'il n'avait jamais vu Lambert à jeun. Beurré, pété, rond comme une queue de pelle, Lambert était un frère. En aurait-il été de même s'il avait été à jeun ? Bensoussan en doutait, et pour ne pas approfondir la question, il préférait laisser à son pote le pompiste le temps de se faire un beau regard humide et même noyé.

Des semaines passèrent ainsi. Entre deux clients, Lambert se laissait bercer par les contes des *Mille et Une Nuits,* version Bensoussan. Il allait faire le plein d'un noctambule, d'un représentant, d'un travailleur de la nuit, puis il revenait dare-dare au bureau. Il s'installait dans son fauteuil à pivot, s'envoyait une giclée de rhum, puis fermait les yeux. Alors, le cinéma commençait.

— ... arabe qu'elle était ma mère, et juif qu'il était mon père. Autant te dire que ça a chié un peu à Tunis quand ils se sont fréquentés. Tu peux pas savoir, toi. Tiens, Roméo et Juliette à côté, c'était juste du jus de pastèque. Alors, t'imagines quand elle s'est retrouvée en cloque... A feu et à sang qu'il aurait mis

Tunis, le pépé Maktar. Et ma mère, hein ? Qu'est-ce que tu voulais qu'elle fasse, ma mère ? Qu'est-ce que tu voulais qu'elle fasse ? Surtout que mon père, il s'était fait la valise vite fait en France. Préférait qu'il y ait une mer entre le pépé et lui.

— Y avait déjà une fille mère, avait bredouillé Lambert.

— ... alors comme on lui laissait le choix entre entrer au bordel et faire la pute, eh bien, elle aussi, elle s'est fait la valise, ma mère. Et tu sais quoi, hein ? Tu sais quoi ? Elle l'a retrouvé, Bensoussan, elle l'a retrouvé. Moi, j'étais au fond d'un couffin. C'est là-dedans que j'ai grandi, mon pote. Gros comme un melon, j'étais, même que...

Et ça continuait, nuit après nuit. La vie de Bensoussan junior en scope, en couleurs, en odeurs. Une interminable superproduction qui aurait rempli six vies normales. Un Bensoussan senior, travailleur clandestin, exploité par un Turc non déclaré qui émargeait au budget secret d'un Yougo, lequel fournissait en Sportswear merdique un Juif de la rue du Sentier. Les hangars à immigrés, puis les cités d'urgence, avec la femme et le chiard, le racisme latent, quotidien. Je suis pas arabe, je suis juif. Rien à foutre, cache ta gueule. Arriver, s'en sortir, émerger, s'accrocher avec les mains, les dents, tout ce qui dépasse, se hisser, sortir du trou, tiré par en bas, la poisse accrochée à la jambe gauche et le malheur à la droite. Puis un jour, la lueur, l'échappée, l'espoir, l'embellie. Le permis de travail. T'es un homme, mon frère, tu peux prendre le métro sans raser les murs, acheter du pain sans prendre l'air coupable, bref, pisser la tête haute. Et en prime, le luxe suprême : l'H.L.M.

Lambert laissait défiler dans ses oreilles la saga du clan Bensoussan. Il voyait le petit métèque grandir entre les châlits des cités d'urgence, se faire les genoux sur le ciment des H.L.M. et apprendre ainsi la vie dans les tréfonds bétonnés des grands ensembles périphériques.

Premières rencontres. Premiers coups de poing dans la gueule, premiers touche-pipi clandestins. Ah, ces madones de douze ans aux baisers maladroits soudés au carambar, ces ravageuses à peine nubiles aux sucettes bouleversantes, ces petites gueuses aux fesses rondes moulées dans un denaïm émouvant. Il avait appris la vie, si l'on peut dire, à tâtons, dans un univers que n'auraient même pas osé imaginer les enfants sages et dodus des beaux quartiers.

Quel kinos, se disait Lambert, quel kinos. Puis, entre deux brumes, entre deux bouffées, entre deux vapeurs, voilà qu'il s'inquiétait, qu'il questionnait :

— T'as quel âge ?

— De quoi tu vis ?

— Où sont tes parents ?

Les parents Bensoussan, après s'être farci l'échelle sociale barreau après barreau, avaient décidé de frapper un grand coup. Rien moins que de rentrer au pays, histoire de prouver aux tribus ennemies que, putain de sa mère, l'œcuménisme oriental pouvait ne pas être qu'un vain mot et que ses détracteurs, fils d'Allah ou de Yahvé, pouvaient aller en chœur ou séparément se noyer dans l'oued le plus proche.

— T'as dû être content de retrouver ton pays, le soleil, les palmiers, le couscous.

— Tu déconnes ou quoi ? Quel pays, d'abord ? Ho... dis. Qu'est-ce que tu crois ?

Non, Bensoussan junior ne se sentait pas tunisien. Elevé à la périphérie parisienne, sa madeleine à lui fleurait bon le béton et le métropolitain. Le sable chaud et les oliveraies, ce n'était pas son trip. Non ce qu'il lui fallait, à lui, c'était sa merde parisienne, sa dope de CO_2, sa giclée de crachin.

— Alors ?

— Ben, j'ai pas pu supporter ; alors un jour, je me suis fait la malle. Je me suis planqué au fond d'un cargo et je me suis retrouvé à Marseille.

— Alors, t'es tout seul ?

— Ben, oui.

— Alors... de quoi tu vis ?

Il y tenait, le vieux. Ça revenait régulièrement entre deux renvois de rhum, comme s'il ne parvenait pas à digérer les réponses évasives de Bensoussan. Lequel Bensoussan, pris soudain d'une pudeur inattendue, se refusait à aller plus avant dans l'explication. Il va me jeter si je lui dis, j'en suis sûr, il va me jeter.

Puis un jour, il s'était passé une drôle de chose. Lambert se beurrait tranquillement, à petits coups, et lui, Bensoussan, rêvassait, bien au chaud, en famille. Alors, il s'était laissé aller. Il avait sorti un petit pochon de sa poche et, peinard, s'était roulé un joint. Puis l'avait allumé.

Ça n'avait pas traîné. Malgré ses paupières qui commençaient à se mettre en rideau, Lambert avait réagi. La truffe au vent, il s'était mis à renifler avant de grogner un « qu'est-ce que c'est ? ». Puis il lui avait sauté sur le poil.

— Qu'est-ce que c'est que cette merde ? Tu te cames, petit con ?

— Ben quoi... c'est juste un joint.

— Un joint, un joint. On connaît. Ça commence par un joint et ça finit par des piquouzes.

Et badoum. Un vrai taré, un malade. Et paf, paf, la paire de baffes, et bing, le joint qui valse, et vlan, le gnon qui t'envoie dinguer. Le pied rageur de Lambert écrasant l'objet du délit. Alors, la réaction soudaine de Bensoussan, parce qu'il aimait ce mec, parce qu'il était cruellement déçu, parce qu'il avait toujours préféré gueuler que chialer.

— Ça va pas, la tête ? Qu'est-ce qui te prend ? Hein ? Dis ? Ho ?... T'es pas mon vieux ? Alors ?... Et toi, hein ? Et toi ? Tu crois que t'es mieux ? Qu'est-ce que tu t'enfiles toutes les nuits ? Hein ?... Avec quoi tu te shootes, toi, tous les jours ? Hein ?... Hein ?... Chacun sa merde, mec, chacun sa merde.

Lambert s'était brusquement arrêté. Il l'avait regardé de ses gros yeux humides, deux globes transparents, soudain ouverts sur le néant. Où il était, le vieux ? Où il planait, tout à coup ? Bensoussan en avait été tellement impressionné qu'il s'était tu, qu'il s'était immobilisé, la gorge nouée, avec un gros chagrin à la périphérie, comme lorsqu'on est sur le point de perdre un être cher.

Puis il avait renfilé ses pompes, sa peau, et même sa tête. Il avait seulement murmuré :

— Excuse-moi.

Chaud de nouveau, Bensoussan. La panne n'avait été qu'éphémère, fugitive. Il fallait qu'il lui fasse une fleur, à son Bouddha, à sa futaille. Pas question de lui annoncer tout de go : je fourgue de la blanche à Belleville, mais lui balancer enfin l'explication tant attendue, la réponse à l'éternelle question qui semblait tarauder Lambert :

— De quoi tu vis ?

— Je suis barman.

Subtil mélange de vérité et de mensonge. Le bar existait, la fonction, non. Bensoussan aurait aimé dire : étudiant. Mais il y a des emplois qui exigent un minimum de crédibilité. Depuis, entre eux, la surface de l'eau était redevenue lisse. Il n'en restait pas moins qu'en dessous nageaient d'étranges secrets, flottaient de dangereux poisons, mais l'un comme l'autre semblaient bien décidés à faire la planche, donc le moins de vagues possible.

Ainsi allait tant bien que mal ce couple bizarre, enfanté par la solitude, accouché par la nuit, pris parfois dans des tourments de haine, ou bien noyé dans des flots de tendresse, mais toujours uni, indissolublement lié, ainsi que le sont les couples éternels.

Puis dans ce couple, un jour, s'insinua l'autre. Lola-la-dingue.

En fait, rien d'essentiel, rien d'important même, ne s'était jamais dit ou passé entre Bensoussan et Lambert. Ce n'était finalement que la juxtaposition de deux solitudes. Comme chez beaucoup de couples, il n'existait pas entre eux de réelle intimité. Lola-la-dingue allait servir de révélateur.

Une nuit, il avait débarqué dans le bureau de Lambert, roulant les mécaniques, perché sur des santiags toutes neuves, complètement allumé. Ça pouvait être la came, l'alcool ou l'amour.

C'était l'amour.

— Tu peux pas savoir, mec, tu peux pas savoir. Roulée comme un joint... un peu bêcheuse, mais ça s'arrangera. Et je l'ai même emmenée faire un tour sur la Kawa.

— Quelle Kawa ? T'as pas de Kawa.

— Bon, d'accord, je t'ai raconté des vannes... mais la Kawa, elle existe.

— A qui elle est, alors ?

Un soupçon d'hésitation chez Bensoussan. Pourtant, il fallait répondre. Le regard de Lambert flottait dans ses petits bocaux personnels, mais il était là qui attendait une réponse.

— A Toni. C'est mon patron. Le proprio du bar.

— Et il te la laisse, sa Kawa 1000, ton patron ?

Un air de doute qui confinait à l'incrédulité. Non, il ne la lui laissait pas sa Kawa, le beau Toni, mais en quelques mois, parce qu'il en voulait, parce qu'il était sans doute moins con que la moyenne des autres petits dealers, Bensoussan occupait une place privilégiée auprès de Toni. L'homme à tout faire, le garçon de courses, le larbin privilégié. Bensoussan préférait dire : bras droit.

Bensoussan avait un flair infaillible pour repérer les différents représentants de l'ordre. Son œil aiguisé situait l'uniforme loin dans la foule, son pif en alerte reniflait le flic en civil, le poulet provocateur recherchant innocemment une pincée de came à acheter.

Drôle de jeu, qui se jouait entre les autorités et ces petits délinquants. Faisant la part du feu, la police laissait ces petits dealers à leur petit commerce plutôt que de les voir verser dans la grande délinquance et braquer à tout propos banques et convoyeurs. Une rafle de temps à autre rappelait tout de même à tout un chacun qu'il s'agissait bien là d'une activité réprimée par la loi. Puis, tout rentrait dans l'ordre. Le système était bien au point. Les dealers n'avaient jamais plus d'un paquet sur eux. Consommation personnelle. Rien à dire, rien à faire. L'affaire conclue avec le client, l'échantillon vendu, ils allaient en chercher un autre auprès de leur revendeur. Celui-ci, installé dans les parages, avait donc charge d'alimenter les petits revendeurs. Installé dans un bistrot ou sous une porte cochère, il avait une consigne impérative : abandonner la marchandise en cas de rafle. Les arrêter ne servait à rien. La main sur le cœur, parole d'honneur, la drogue, ils savaient même pas que ça existait. On les relâchait.

Si bien qu'à ce petit jeu de cache-cache, les policiers ramassaient des trafiquants sans drogue ou de la drogue sans trafiquants. De toute façon, ils ne se faisaient pas d'illusions et savaient fort bien que le problème ne se résoudrait pas à ce niveau-là.

De dealer, Bensoussan était en passe de devenir un de ces dépositaires attentifs. Bensoussan avait de l'ambition et il savait pertinemment que l'ambition, c'est rien, ou peu de chose, si on n'a pas un bon paquet de fric pour la faire s'épanouir.

Et Toni appréciait à un tel point le dévouement de Bensoussan à sa cause qu'il était allé jusqu'à lui confier récemment une nouvelle responsabilité : celle d'aller lui chercher sa moto au garage et de la lui ramener devant le bar.

— Mais attention, mon loulou, tu montes pas dessus, hein ? Tu montes pas dessus.

— Je peux pas, Toni, je peux pas. J'ai pas mon permis.

Pourtant, depuis longtemps, l'amour de la grosse cylindrée l'avait emporté sur la crainte du Croate. Par le jeu des sens uniques, Bensoussan devait faire tout un détour par la rue de la Fontaine-au-Roi, revenir par la rue Saint-Maur et traverser le faubourg du Temple avant de retrouver le bar.

Cet itinéraire, Bensoussan se l'offrait le cul sur la selle en cuir, écrasé sur le guidon, égal des plus grands, archange soudain. Prudent néanmoins, il retrouvait sa condition de piéton au moment d'aborder le carrefour du faubourg du Temple qu'il traversait sagement au vert, en poussant les trois cents kilos de la Kawa jusqu'au bar.

Il se payait ainsi des heures de rêve qu'il revivait inlassablement, les yeux clos, au plus profond de son matelas de récupération. Il sentait la bête ronronner entre ses cuisses, vibrer sous ses doigts, s'apprêter à bondir. Puis, c'était le miracle à chaque fois renouvelé. Un coup de gaz et la lourde masse se faisait gazelle, panthère, tandis que lui, le souffle coupé par l'accélération, prenait un pied magistral. Trois cents mètres de bonheur entre deux feux rouges de l'avenue Parmentier. Amours brèves, clandestines, comme on prend une fille sous une porte cochère, en fusée volante, sitôt allumée, sitôt éclatée.

Ce soir-là, il venait de s'envoyer une accélération royale dans l'avenue en question. Pas un kiki sur trois cents mètres. La sensation de décoller, de se mettre sur orbite. Heureusement, le feu était passé au rouge, le contraignant à s'arrêter. Sinon... Bensoussan jouait à s'enivrer, à se faire peur. Il accélérait, accélérait, passait les vitesses, tandis que de part et d'autre le monde défilait à l'horizontale, continuum grisâtre parfois traversé d'éclairs lumineux. C'était la galaxie Bensoussan qui remontait la Voie lactée. A l'autre bout, en fin de course, l'attendait une fille de rêve, blonde comme il était brun, belle comme il ne l'était pas, aimante comme il n'en avait jamais connu.

Ce soir-là donc, arrêté au feu rouge, il s'était aperçu qu'il n'avait plus de cigarettes. Un tabac faisait l'angle. Le temps de dresser l'engin sur sa béquille et Bensoussan faisait le plein de Gauloises.

C'est en ressortant qu'il la vit. *Elle.* Lola-la-dingue.

Elle était là, à tourner autour de la Kawa, se mordant la lèvre d'envie, de désir. Bensoussan, planté, enraciné soudain, l'observait fasciné, déjà enflammé.

Quel âge ? Dix-huit ans à peine. Dix-huit années qui se planquaient sous un maquillage agressif. Un visage encore enfantin mais qui se creusait déjà sous les pommettes, un regard noir accentué par le khôl, habité par une espèce d'avidité sauvage, primitive. Une moue sanglante protégeant des petites dents bien blanches, bien saines de croqueuse de mecs.

Lola-la-dingue.

Elle s'appelait en réalité Gina Carletti. Lola-la-dingue. La petite punk aux cheveux vert et orange, moulée dans du cuir noir. Lola-la-dingue, la ravageuse de la République, bardée de chaînes, d'anneaux, de badges. Lola-la-dingue et son équipe de tordus ricaneurs, rockers à banane, frimeurs à santiags, zonant l'hiver sur le quai du métro République et l'été sur la place, au pied de la statue du même nom.

Des cadeaux.

Baignant dans l'agressivité, le débilos, la provoc. Piégés entre leurs idoles du rock, du kinos, du fait divers. Junkies, frappadingues, allumés, contestataires par convention, fachos par connerie, flemmards par vocation, conformistes à force de ne pas vouloir l'être. Mais tout de même paumés malgré leurs airs de rouleurs, de casseurs, de troisièmes couteaux pour western spaghetti. Dans leur firmament nébuleux, à ras des bananes, s'inscrivaient en lettres de feu, de violence, les noms de *Police, Trust, Mesrine,* tous genres confondus et confondants, parfaitement amalgamés dans leurs petites têtes rasées ou brillantinées selon l'option, la tronche, ou la mode de l'instant.

Surplus de la consommation, oubliés de l'expansion, fœtus (de paille) du libéralisme avancé, purs produits d'une société qui en refusait pudiquement la paternité, ils lui crachaient à la gueule, ils lui pissaient à la raie, ils la conchiaient avec les moyens du bord. Largués sur les rives stériles de la crise, exilés de l'intérieur, prisonniers du néant qu'on bâtissait autour d'eux, ils n'avaient d'autre ressource que de crier leur impuissance, leur désespoir. Irrécupérables. Ils le savaient et s'en foutaient.

C'était au sein de cet humus sulfureux, de cet étrange terreau, que s'épanouissait cette fleur noire, cette fleur de béton qu'on appelait Lola-la-dingue.

Touché dans toutes ses parties sensibles, du cœur aux orteils, Bensoussan s'approcha d'elle et se mit à parler d'une bouche sèche de toute salive :

— Salut.

Lola-la-dingue le balaya des pieds à la tête d'un regard sans pitié et le jeta mentalement à la poubelle. Bensoussan se vissa un sourire aux lèvres, insista :

— Elle te plaît ?

Elle lui tourna ostensiblement le dos et posa sa main sur une des poignées du guidon. Bensoussan commençait à avoir chaud au front, là où il transpirait toujours en premier. Il avala la poussière qui lui servait de salive et insista. Il s'entendit ainsi dire quelque chose qu'il n'avait pas du tout prévu de dire, à savoir :

— Tu veux que je t'emmène faire un tour ?

C'en était trop pour Lola-la-dingue qui se tourna enfin vers lui pour lui balancer d'une voix nonchalante :

— Arrête tes conneries et va te noyer.

Et en prime, au fond de son regard noir, tout ce

qu'elle n'avait pas ajouté : paumé, minable, tocard. Bensoussan avait appris à cultiver l'impassibilité. Sûr de son effet, il zippa son blouson à trois quatre-vingt-quinze, puis enfourcha la bête. Instant jouissif, inoubliable, qui le paya de toutes les injures passées, présentes et à venir.

Lola-la-dingue en prit un sacré coup dans les yeux. Quoi, ce paumé, ce minable, ce tocard... stop ! Il avait tout de même entre les cuisses une Kawa 1000. Attribut qui en valait bien d'autres.

Démarreur, coup de gaz. L'ivresse de la possession, du pouvoir, du charme et de la séduction. L'ignorer, la faire râler mais partir sans hâte tout de même afin que... Clic, la première vitesse. La bête se cabre fugitivement, retenue par la main de fer de son cavalier. Pas de regret, fillette ?

— Hé.

Ouf. Il allait partir, s'enfoncer dans la nuit, celle des autres mais aussi la sienne, celle dans laquelle un Bensoussan sera toujours un solitaire, avec ou sans Kawa. Il était temps.

— C'est vrai ? Tu m'emmènes ? C'est pas des charres ?

Bensoussan avait deux solutions : ou bien retirer ce qu'il avait dit, filer comme un dard et ramener la moto à Toni, ou bien plonger dans l'inconnu, le redoutable, voire le dangereux, mais aussi l'exaltant. Il choisit la seconde solution. Ce fut sa première erreur.

Du fond de son fauteuil, Lambert écoutait le récit de Bensoussan, sa bouteille de rhum posée sur une cuisse. Au début, il avait eu scrupule à boire devant le petit métèque, surtout qu'il n'avait pas réussi à lui faire partager son penchant pour ce pur produit de la canne à sucre. Mais maintenant, il s'en foutait. Il s'envoya une giclée et dit d'une voix décapée :

— Tu l'as emmenée ?

— Ben, oui.

— Où ça ?

— Faire un petit tour. On a poussé une pointe jusqu'à la Nation, puis on est revenus par là... par les boulevards.

Lambert hochait la tête. Il semblait faire un effort de réflexion considérable. Enthousiaste, Bensoussan poursuivait sur sa lancée :

— Et puis, c'est pas tout. Je vais la revoir... J'ai rencard tout à l'heure avec elle à la sortie du *Gibus*.

— Avec qui elle a rencard... avec toi ou avec la Kawa ?

C'était méchant, et Lambert regretta aussitôt ce qu'il venait de dire. Il agita la main comme s'il voulait effacer la phrase malheureuse et dit :

— ...scuse-moi. T'es mordu, hein ?

— Y a de ça, admit Bensoussan.

C'est vrai qu'une drôle de brume lui voilait le regard. Lambert l'observait et en oubliait de boire. De nouveau, il paraissait faire un effort intense de réflexion. Le fruit de ladite réflexion parvint à maturité :

— Dis-moi... t'as besoin d'une femme ?... T'as réellement besoin d'une femme ?

Ex-cocu, ou mysogine de nature ? Bensoussan regardait son Bouddha qui semblait un peu désemparé. Il fallait qu'il le fût pour en oublier de biberonner. Comment lui expliquer ?

— Ben oui... je sais pas moi... c'est la nature. On a tous envie un jour ou l'autre d'avoir une femme, non ?

— Ouais, ouais. Mais t'as tout de même le temps, non ?

Il s'était approché du gros. Penché sur lui, il lui dit :

— Regarde-moi, mec, regarde-moi... Combien tu crois que j'en ai séduites, avec ma tronche, hein ? Combien tu crois ?... Zéro !... Nib !... Que dalle !... Y a que les putes de la rue Blondel, quand je leur refile un billet de dix sacs. Et tout juste encore. Y a des délicates qui aiment pas les Arabes.

— Tu crois tout de même pas que tu vas trouver la femme de ta vie comme ça ?

— Qui c'est qui te parle de la femme de ma vie ?... Même juste pour tirer ma crampe, je suis pas foutu d'en dégotter une.

— Parce que tu fais des complexes, répliqua Lambert après un instant de réflexion.

— Y a de quoi, non ? rigola Bensoussan. Tu sais... la branlette, ça va un moment.

Il se redressa en disant :

— Allez, mec... bois un coup. Comme ça, t'oublieras pour moi.

Il alla jusqu'à la porte. Dans son dos, Lambert dit :

— Et pour la Kawa... qu'est-ce que tu vas lui raconter ?

Bensoussan se retourna en souriant :

— Y s'en sert pas cette nuit, Toni.

— Et après ?

— Demain, il fera jour, mon frère.

— Fais gaffe, petit.

— Tchao, pantin.

Tchao, pantin. Ça, c'était son expression amicale,

réservée aux intimes. C'est dire si elle lui servait peu souvent. Il aimait les pantins, Bensoussan. C'était sa façon à lui d'expliquer la vie, l'univers, Dieu et la fatalité. Pour lui, chacun dans la vie avait au-dessus de lui une Main qui le manipulait et le faisait danser. Des fois, il croyait presque voir les fils s'agiter. Alors, il riait, il se disait qu'effectivement les hommes sont tous égaux puisqu'ils ont tous une petite Main qui les fait valser. Ce qui arrivait, ce n'était pas la faute aux hommes mais aux Mains, seulement aux Mains. Ainsi, il arrivait qu'une Main se fatigue, et toi, pantin, tu te retrouvais sur le cul. Ou bien une autre Main, vacharde, passait par là et coupait quelques fils. Bensoussan avait beaucoup de tendresse pour tous ces pantins qui se croyaient des hommes.

Toutefois, dans les heures qui suivirent, Bensoussan fut amené à faire deux ou trois exceptions.

Toni faisait un poker. Ordinairement, il en avait pour toute la nuit. La bête était là, au fond de son antre, et ce fut avec une espèce de terreur respectueuse que Bensoussan s'en approcha. Dans son petit garage en parpaings, elle paraissait énorme, monstrueuse. Bensoussan la regardait sans oser bouger. C'était la première fois qu'il pénétrait là sans la moindre raison, sans le moindre alibi.

Quand il descendit la Kawa de sa béquille, il eut confusément l'impression qu'il mettait le doigt dans un drôle d'engrenage. Mais il était déjà trop tard : la roue avant avait passé le seuil. Un seuil vraiment fatidique.

Et ce fut sa seconde erreur.

Mais déjà, l'euphorie, la vitesse. Paris la nuit avec ses grandes plages désertes, ses poches obscures. On y plonge, on s'y enfonce et on en ressort toujours un peu différent, toujours un peu autre.

Le *Gibus,* c'est cette boîte qui se trouve entre la République et le canal Saint-Martin. Selon les heures, les jours et les groupes qui y passent, on y trouve un peu de tout, des punks, des loubards, des branchés. Bagnoles, motos, groupes agglutinés rétrécissent encore ce bout du faubourg du Temple déjà peu large, ne laissant aux couche-tard et aux lève-tôt qu'un étroit boyau lumineux, bruyant et animé. De temps à autre, une chasse aux junkies, une courette aux fourmis. Du loulou au regard lourd au punk allumé, du branché façon rétro au macho en cuir, sans oublier les minettes en mini ou en simili, à la coiffure coup de vent et multicolore, il y a de quoi s'offrir une sacrée galerie de portraits.

Tout ce petit monde cohabite, ou plus exactement coexiste, car le rituel est là, d'un groupe à l'autre, d'un style à l'autre, c'est tacite, on évite de se mélanger. Quand ça arrive, selon une très vieille loi de la nature, les plus forts gagnent. Y en a comme ça qui se font chouraver leurs badges, leur blouson et même leurs santiags. Parfois, des arguments à cran d'arrêt surgissent du fond des poches. Y a toujours des mauvais, des brebis galeuses pour en faire plus que les autres. Blêmes ou couleur des néons de la rue, ils sont à l'affût comme des chats maigres de sous-sols périphériques.

Bensoussan se méfiait. Il savait qu'avec ces engins-là, on avait vite fait de se retrouver en slip. Et lui n'en avait pas.

Rien de pire que la rue un peu déserte avec juste quelques glandeurs appuyés à une vitrine. Ce soir, ce n'était pas le cas. Une vedette du *Rockabilly* passait au *Gibus,* et la soirée était œcuménique en diable.

Lola-la-dingue était là, au milieu de ses potes, et manifestement, tous ces déglingués attendaient quelque chose. Bensoussan reniflait le coup pourri. Il arrêta la Kawa de l'autre côté de la rue, juste en face du groupe, et resta dessus. En souriant, Lola-la-dingue jeta un coup d'œil circulaire à son entourage, signifiant de toute évidence : *Alors ? C'était des vannes ?* Mais elle ne bougea pas. Deux ou trois mauvais se mirent à ricaner.

Bensoussan décida qu'il ne bougerait pas. Deux, trois minutes passèrent. Des voitures aussi. Bensoussan ne quittait pas Lola-la-dingue des yeux, et Lola-la-dingue restait branchée sur lui. Un bras de fer à distance.

Bensoussan ne décollait pas de son engin. Ça fit sur Lola-la-dingue l'effet d'une décharge d'adrénaline. Elle s'arracha du mur et commença à s'extirper du groupe. On voulut la retenir. N'allait tout de même pas caner. Elle se dégagea brusquement en murmurant entre ses dents :

— Faites pas chier.

Elle traversa la rue lentement, exprès, pour emmerder ce salaud d'automobiliste qui faisait des appels de phares, puis s'arrêta tout contre la Kawa avec un drôle de sourire, si mal accroché que Bensoussan l'aurait vu tomber par terre sans la moindre surprise. Enfin. Elle était là. Cela seul comptait. Du menton, il montra le siège du passager :

— On y va ?

— J' peux pas.

— Hein ? Mais hier, tu m'as dit...

— Je sais. Mais hier c'était hier, et aujourd'hui, je peux pas.

Sans même se retourner, elle montra le groupe qui ricanait toujours en émettant des commentaires pour le moins désobligeants sur les origines de Bensoussan, l'esthétique de son visage et l'allure de ses fringues.

— Je suis avec mes potes. Je peux pas les laisser tomber, hein ? Puis tu peux pas les emmener, hein ?

Elle se foutait ouvertement de sa gueule. Bensoussan le savait mais se trouvait tétanisé. Elle était tout près, tout près, le ventre un peu en avant, le sexe appuyé sur sa cuisse, se balançant et se frottant innocemment. La moue désolée, le regard candide. Salope, salope, pensa Bensoussan qui avait, au moins mentalement, le courage de ses opinions.

Elle baladait toujours son sexe de droite et de gauche contre sa jambe. Pour l'aiguiser ? Le bout de son index faisait le tour du compte-tours. Bensoussan avait la salive pleine de poussière. Enfin, elle sourit pour dire :

— J' suis vraiment désolée, tu sais.

Elle en remettait. Elle en faisait des kilos, sauf dans la conviction. Elle sentait son public, elle l'avait bien en main. La fine équipe admirait. Charrier un mec qui a une Kawa, faut le faire. Y avait bien que Lola-la-dingue pour oser.

— Demain alors ? s'entendit dire Bensoussan qui venait de se jurer de ne rien proposer.

— Demain, j' peux pas.

Okay, chérie, j'ai encore perdu une occasion de la boucler. Et elle se fend la pêche. Salope. Que faire dans ces cas-là ? Cogner ou se tirer. Bensoussan donna un coup de gaz. Lola-la-dingue sentit qu'il ne fallait tout de même pas pousser le bouchon trop loin.

— Après-demain... si tu veux, bien sûr. Si t'es libre, toi. Parce que si t'es pas libre, je t'en voudrai pas. C'est normal, hein ?

— D'accord, dit Bensoussan. Mais pas ici.

— Là-haut ? Là où on s'est vu hier. Huit heures ?

Elle fit demi-tour très vite, tandis que Bensoussan enclenchait sa vitesse et s'arrachait brusquement du trottoir. Les affreux qui n'avaient jamais eu une cylindrée supérieure à 50 cc entre les jambes se turent. Lola-la-dingue les observait. Brusquement, sans raison apparente, elle les trouva cons.

Bensoussan s'arrêta un peu plus loin, sur la place de la République. Il avait dans la tête, inscrit bien clairement, tout ce qu'il aurait dû dire, tout ce qu'il aurait dû faire. C'était trop tard. Ça serait toujours trop tard. Elle s'était foutue de lui. Et devant les autres. Elle ne viendrait pas au prochain rencard. Ou alors pour le charrier, seulement pour le charrier, une fois de plus.

Il posa sa main sur sa cuisse, là où le sexe de Lola-la-dingue s'était frotté. Il eut une sensation complètement subjective de chaleur. Des larmes lui montèrent aux yeux. Il pouvait, il était seul. Alors, il donna un coup d'accélérateur rageur et décolla quasiment de la chaussée.

L'engin de rêve retrouva son nid douillet dans le quart d'heure qui suivit. Inutile de prendre des risques. Pourtant, Bensoussan se serait bien défoncé sur l'autoroute ou le périph. Il en avait des choses à évacuer.

Il choisit sa tanière, son matelas confident. Il revint

à pied sans hâte et s'enfila dans cet étroit passage qui s'appelait la cité du Labyrinthe. Il était devant la porte d'entrée de son petit immeuble lorsque quelqu'un surgit de l'ombre.

— Salut, dit Toni.

Bensoussan regardait le beau Yougo dont il entrevoyait le sourire dans l'obscurité. Dans quoi il allait mordre, avec ses jolies dents toutes blanches? Qu'est-ce qu'il foutait là, au lieu de jouer au poker avec ses potes ? Et surtout, surtout : *pourquoi était-il là ?*

— Salut Toni, répondit Bensoussan, la gorge déjà sèche. T'as besoin de moi ?

— Non, non... La nuit est à toi, mec, la nuit est à toi. Je passais par là... avec un pote.

Le pote, Bensoussan le vit émerger d'un coin sombre. Il le connaissait vaguement. C'était un habitué du bar. Il s'appelait Rollo, ou un truc comme ça. C'était une bête en cuir massif et clouté, au crâne rasé, à la moustache tombante, et qui, pour afficher ses sentiments religieux, trimbalait une Croix de Fer en sautoir. Toni reprit :

— On s'est dit qu'on pourrait peut-être causer un peu tous les trois, causer de tout et de rien... De ce que j'aime... de ce que tu aimes... Tu vois ?... De la moto, par exemple ?... Tu aimes la moto, Bensoussan ?

— Ben oui.

Deux mots qu'il avait eu bien du mal à s'extraire. Combien d'autres arriverait-il encore à sortir ? Mais était-ce vraiment ce que Toni attendait ?

— Si on entrait ? reprit Toni. Hein ?

Puis, poussant la porte, il dit bien poliment à Bensoussan :

— Après toi.

Bensoussan pénétra dans le couloir avec une peur bleue qui lui glaçait les fesses.

Boire pour oublier, c'est une discipline, une attention de tous les instants, car la nostalgie, cette gueuse, au moment le plus inattendu, le plus imprévu, surgit, sournoise, des tréfonds de la mémoire, des poubelles de l'oubli.

Le lendemain soir, Lambert lampait son rhum en se disant qu'il était bien con d'accorder une quelconque importance à ce petit métèque qui, nuit après nuit, venait lui bourrer le mou, lui raconter des fables goyesques qui, l'alcool aidant, prenaient des allures de cauchemar. Fallait que ça cesse, que l'autre vive sa vie le jour et dorme la nuit, qu'il le laisse à ce puits sans fond dans lequel il se laissait glisser sans regret.

C'est ce qu'il se disait chaque soir, Lambert, et chaque nuit, lorsque Bensoussan arrivait, il était déjà trop tard. Et puis, il y avait ce regard. *Ce regard qu'il connaissait, qu'il reconnaissait.*

Ce soir, l'air était doux, léger. L'œil fixé sur rien, Lambert se tenait près d'une pompe. Il venait de servir un emmerdeur qui en avait profité pour lui raconter sa vie. Mais pas une vie n'offrait d'intérêt. Pas une. Et Bensoussan pouvait aller se faire cuire un œuf. Où était-il, d'abord? Sûrement avec cette pétasse qui s'appelait comment déjà ?... Ah, oui... Lola-la-dingue. Tu parles d'un nom, toi, Lola-la-dingue.

Lambert regagna son bureau en hochant la tête. Il s'installa dans son fauteuil. Petite chose soumise et caressante, la bouteille vint lui sauter dans la main. Viens, que je t'embrasse sur le goulot, ma chérie, que je te roule une gamelle, que je te fasse le coup du tire-bouchon.

Le décor prit enfin son allure habituelle, un peu dansante, surréaliste. Des lignes distordues, comme une image qui se déchire, tremblotantes comme si elles se formaient derrière un écran de chaleur. C'était une nuit morne de début de semaine, une nuit vide d'âme, une nuit inhabitée.

Ce petit con de Bensoussan ne se pointait pas et c'était très bien comme ça. Justement, justement, c'était cette nuit qu'il avait décidé de le virer, de le jeter. D'abord, il n'avait pas le droit d'avoir des étrangers dans le bureau pendant le service. Et un étranger de l'étranger, en plus.

Et puis, qu'est-ce qu'il foutait avec sa grognasse ? Une quoi, qu'il avait dit que c'était ? Une... ah oui, une punk. Les tarés qui se coiffent avec un courant d'air et un peigne sans dents. Pauvre France. Halte. Stop Machin. La France, t'en as plus rien à secouer. L'essentiel, c'est qu'elle conserve cette belle colonie... pardon, ce DOM-TOM qu'est la Martinique et qu'a de si bons produits.

La main dessus, bonhomme, enfourne le goulot comme une trompette et vas-y de ton air, de ton hymne. Salut-t-à-toi, camarde fardée, viens ici, vieille pute osseuse que je te trousse. Prends-moi par-derrière et fais-moi la mort. Tilt.

Six heures du matin. La relève. Après les semelles de plomb, la gueule plombée, le teint plombé. Voilà Dufour qui arrive, attelé à toute la misère du monde et qu'il traîne derrière lui, les épaules voûtées, l'œil soumis. Il sait, ce faux derche, cet esclave, il sait que lui, Lambert, se poivre la gueule en solitaire à longueur de nuit. Ça lui fait un œil torve qui n'ose pas se poser sur son collègue, un œil qui se fiche seulement sur le rouleau de caisse pour être sûr que le compte est bon. Il ne lui en veut pas, Lambert. C'est un brave bougre, Dufour, qui ramera éternellement après cent balles, vissé dans la misère, enraciné dans la connerie. Eternel paumé qui traversera les temps et les espaces avec sa quéquette tragique et son teint de sous-alimenté, permanent, indestructible. Indispensable maillon de cette interminable chaîne de cons.

— Ça va ?

— Ça va.

C'était pas avec un dialogue pareil qu'ils risquaient de prendre le ciel sur la gueule, ces Gaulois. Ils s'en serrèrent cinq par habitude, sans chaleur, sans rien du tout. Salut et à ce soir.

Lambert se retrouva à cheval sur son Solex. Pourquoi il avait répondu « ça va » ? Non, ça n'allait pas. Ça n'allait pas du tout. Il n'arrivait pas à embrayer son moteur. L'autre taré devait être derrière sa vitre, à l'observer avec sa bonne conscience. Il l'entendait d'ici : « *Si c'est pas malheureux de boire comme ça.* » Et ta sœur ?

Direction Nation, direction la piaule, direction le plumard. Cent mètres de bonnes intentions. Puis, de nouveau, l'arrêt. Qu'est-ce qu'il avait foutu toute la nuit, Bensoussan ? Où il était ce sale petit raton ? A s'envoyer en l'air avec sa punk ?

Direction Nation, merde. Le pieu, le paddock, le trou noir. Et que tous les Bensoussan de la terre retournent chez eux, eux aussi. T'entends, saloperie de Solex, t'entends? Alors, tu démarres? Enfin. Hop, c'est parti. Direction Na... Mais non, c'est pas la direction Nation, même que je lui tourne le dos, même que je suis en train de remonter le boulevard de Ménilmontant, même que je tourne dans la rue des Panoyaux, celle... celle où commence la cité du Labyrinthe, justement. Sacrée coïncidence.

Et voilà qu'il était là, le Lambert, furieux après lui-même, à pousser son Solex dans cette nom de Dieu de cité du Labyrinthe qui avait vraiment tout pour vous mettre les glandes. Mais qu'est-ce qu'il foutait là, qu'est-ce qu'il foutait là?

Troisième et dernier étage. Pour y parvenir, il fallait se frayer un chemin à travers une odeur épaisse, quasi matérielle, totalement indéfinissable, neutre à la façon dont peut l'être une couleur quand elle est le produit de toutes les autres mélangées. A dégueuler.

Il n'était pas méfiant, Bensoussan, sa porte n'était même pas enclenchée. Suffisait de la pousser pour ouvrir. Pressé de se jeter sur sa punk comme une bête? Lambert entra, tout en continuant de se demander ce qu'il foutait là, alors qu'il le savait pertinemment. Hein, quoi? Jaloux moi?

D'abord, il ne vit rien. Il ne vit rien parce que le store vénitien occultait le maigre jour, et que cela faisait un contraste violent avec l'extérieur. Les premières sensations lui parvinrent par les pieds. L'impression bizarre de marcher sur un sol mou, instable, fuyant. Il se pencha. C'étaient des bouquins, des dizaines et des dizaines de bouquins jetés à même le sol, en vrac, et qui offraient tous la particularité d'appartenir à la collection *Que sais-je ?*

C'était un sacré foutoir, la piaule de Bensoussan. Pas possible, ils avaient dû grimper aux murs en faisant l'amour. N'y avait plus un ouvrage dans les rayonnages de fortune. Lambert fit deux pas dans cette marée livresque et eut ainsi une vision d'ensemble de la pièce. Il put donc voir dans un coin de celle-ci le lit de satin rouge et, recroquevillé dessus, Bensoussan. Bensoussan qui ne bougeait pas d'un cheveu.

Il était seul. Lambert hésitait au seuil de cette intimité. La punk avait dû se tirer à l'aube. C'est toujours à l'aube que s'achèvent les combats de titans. Apparemment, Bensoussan était resté sur le carreau. Une pompeuse, sa Lola-la-dingue, une mangeuse de santé. Voilà ce qu'elle était. Comme toutes les bonnes femmes. Une mante. Pétasse, va.

Puisqu'il était là, il décida de réveiller Bensoussan. Un peu pour l'emmerder, beaucoup pour voir sa tronche — pourtant ingrate. Se pencha. Le secoua. Le resecoua. Alors ? L'amour c'est quand même pas le coma ? Insista.

Bensoussan fut comme parcouru d'un long frisson et le bras sous lequel il planquait sa tête glissa, découvrant son visage. Lambert en resta muet. De surprise et d'émotion. Si Bensoussan devait cette gueule ensanglantée à ses relations sexuelles avec Lola-la-dingue, il n'avait pas intérêt à la sauter souvent.

L'œil gauche de Bensoussan était fermé, bleuâtre, pas mal gonflé. Dessous, la pommette n'était qu'une plaie. C'est tout juste si on ne voyait pas l'os. Ne citons les lèvres que pour mémoire : elles avaient tenu moins longtemps que la pommette.

Comme dans un iceberg, ce n'était que la partie visible, et comme dans un iceberg, ça ne représentait que dix pour cent de ce qu'avait subi le petit métèque.

Un long soupir s'échappa de ses lèvres tuméfiées, comme quelque chose qui se dégonfle. Il se retourna à moitié sur le dos et Lambert fut impressionné par la vision générale qu'il avait du visage du petit métèque.

Bensoussan était toujours recroquevillé dans une position fœtale. Il ouvrit enfin l'œil droit, le plus apte à cette fonction pourtant élémentaire. Il reconnut Lambert et il fit l'effort surhumain de sourire. Un peu de sang réapparut à la lèvre fendue.

— Bouge pas, dit Lambert doucement. Qui c'est qui t'a fait ça ?

L'air siffla entre les lèvres de Bensoussan qui dut s'y reprendre à deux fois avant d'évacuer un nom :

— Toni.

— La moto, hein ?

Battement de la paupière valide en guise de réponse. Lambert ne put s'empêcher de remarquer :

— Je t'avais dit de faire gaffe.

Mais le moment était-il bien choisi pour jouer les censeurs, les donneurs de leçons, les redresseurs de torts ? En outre, lui-même était-il le plus habilité pour... Il se redressa, des crampes dans les jambes, comme si tout le rhum qu'il s'était enfilé s'agitait soudain dans ses artères. Bensoussan tendit la main comme s'il craignait de voir Lambert se volatiliser. Le pompiste le rassura.

— Bouge pas. Reste tranquille. Je vais m'occuper de toi.

L'eau, fallait aller la chercher sur le palier. A tant faire, il se propulsa à l'extérieur et alla faire le plein à la pharmacie la plus proche.

Quand il revint, Bensoussan avait quitté son lit et, avec des gestes maladroits, tentait de remettre de l'ordre dans ce qui avait été naguère une bibliothèque. Il releva la tête pour regarder Lambert. Une espèce de boule se bloqua dans la gorge de celui-ci lorsqu'il découvrit le visage tourmenté du petit métèque. L'impression qu'on lui avait fendu la tête en deux et qu'on avait recollé les deux morceaux sans se soucier de les faire coïncider.

Il avait des gnons partout. Rollo, l'homme à la Croix de Fer, était un méthodique. Il avait dû procéder décimètre carré par décimètre carré. Pas un endroit chez Bensoussan qui ne le fasse hurler dès qu'on le touchait.

Lambert le soigna avec des gestes de mère, des gestes d'infirmière. Bensoussan se laissait faire. Une partie de la douleur s'était envolée par la simple magie de la présence du pompiste. Il était là, son Bouddha, il était venu, pour le voir, comme ça. Il avait donc un pote. Il y avait donc sur cette putain de terre quelqu'un qui pensait à lui. Sacré vieux tonneau de rhum.

Lambert lui apporta du café. Une superdose de Nes' propre à le tenir éveillé huit jours durant. Bensoussan l'avala brûlant. Il n'était plus à une douleur près. Lambert s'était assis par terre, puisqu'il n'y avait pas de chaise. Il buvait lui aussi un Nes' et finissait de se ramoner en pompant longuement une Celtique.

— Maintenant, raconte.
— Y a pas grand-chose à dire. C'est cet enculé de P'tit Jo. Il m'a vu sur la Kawa et il a été me balancer à Toni. Un jour, je vais lui faire sa fête à celui-là, d'homme à homme, les yeux dans les yeux et le pied dans les couilles. Crois-moi.
— Et c'est Toni qui t'a arrangé comme ça ?
— Non, pas fou... il était avec ce fumier de Rollo. Un taré, çui-là, un malade. Et puis t'as vu, hein ?... T'as vu ce qu'ils ont fait à mes bouquins, ces fils de pute ?
Et ça, ce n'était pas la moindre douleur chez Bensoussan. Le café le requinqua quelque peu et il se redressa. Il parvint à ouvrir son deuxième œil et put ainsi poser un regard complet sur Lambert. Celui-ci affectait de regarder ailleurs en se traitant mentalement de pauvre cloche. Il fallait bien tout de même que son regard finisse par croiser celui de Bensoussan. Il ne pouvait pas l'éviter. Mais il en avait peur. Parce que ce regard...
Il le connaissait. Il le reconnaissait.
C'est un miroir, mon salaud. Et au-delà de ce miroir, c'est tout ton passé qui réapparaît. Et au sein de ce passé, il n'est pas beau, beau, beau, le Lambert. Il est pourtant pur et dur, plein de certitudes. Coriace comme une semelle de flic, oui. Il n'avait pas peur de ces regards-là, le Lambert d'autrefois. Tout ce qu'il voulait, c'était les faire baisser, les briser.
Il regarda enfin Bensoussan. Puis très vite :
— Et ta nana ?
— Une salope.
— Elle n'est pas venue, hein ?
Il en était presque heureux, Lambert, de cette

défection. Tout était de sa faute, tout. Ce n'était qu'une fouteuse de merde de plus. Elle n'était pas venue ? Tant mieux. Bensoussan récupérerait ses nuits et pourrait continuer ainsi à l'endormir avec ses contes orientaux de frappadingue.

— J'ai rencard avec elle demain.

— Tu vas tout de même pas y aller ?

De quoi il se mêlait encore ? Plus fort que lui, hein ? De toute façon, il n'avait pas la bonne réponse, Bensoussan. Partagé entre son désir et son dépit, il balançait. Mais il n'y avait pas que ça. Lucide, il savait bien pourquoi Lola-la-dingue ne l'avait pas jeté dès le premier jour : ça s'écrivait Kawa. Seulement voilà. La Kawa, il n'en était plus question. Alors ?

— Tu vas tout de même pas y aller ? répéta Lambert.

— Elle m'a fait chier... je veux me la faire.

Alibi. Ils n'y crurent ni l'un ni l'autre. Lambert avait les paupières lourdes de sommeil, des grains de sable s'incrustaient dessous. Bensoussan s'en aperçut :

— T'as l'air K.O., mec ? Tu veux ronfler un peu ici ? Moi, je vais ranger mes books.

— Tu ferais mieux de pas bouger et de te reposer. T'as vu ta gueule ?

— Et celle d'avant ? rigola Bensoussan, tu t'en souviens ?

Il se redressa en faisant la grimace, reprit :

— Regarde-moi ça : déjà rouillé. Si je bouge pas, c'est l'ankylose. Allez, zone-toi, sinon tu vas tomber par terre, mon frère.

Ça lui tombait d'un coup sur les épaules. La réaction. La nuit blanche, le rhum, l'émotion, tout ça et le reste. Beaucoup pour un seul homme. Et en plus, connement, le café, lui, ça le faisait dormir.

Tandis que Bensoussan, à genoux, s'enfonçait dans ses livres comme un gosse dans un tas de sable, Lambert prit la relève en soupirant et en se demandant, le nez piqué dans le satin rouge, quelle serait la couleur de ses cauchemars.

Tout était rentré dans l'ordre. Et Bensoussan savait pourquoi les chats ronronnaient.

Il regardait sa futaille qui biberonnait de plus belle. Minuit. La circulation se raréfiait, la nuit redevenait intime. Quelqu'un avait fermé la grille du parc.

Immobile au fond de son fauteuil, il tenait la douleur à distance, fortement aidé en cela par cette phrase que Lambert avait dite en le ramenant à la station-service :

— C'est mon neveu.

C'est mon neveu. Ça valait tous les ipécas du monde pour atténuer de vilaines douleurs. *C'est mon neveu.* Et c'était vrai qu'en l'espace d'une journée, Lambert et lui étaient devenus de la même famille. Cousins par la solitude, ils étaient maintenant frères d'amitié.

Lambert s'était réveillé vers midi et avait ouvert les yeux sur une piaule impeccable où toute la collection *Que sais-je ?* avait retrouvé sa place sur les rayonnages. Mieux, Bensoussan avait fait quelques courses et ils avaient pique-niqué là, à même le sol, pâté de lapin, jaja et camembert.

— Tu bosses pas aujourd'hui ? avait demandé Lambert au moment du café.

— Non, pas aujourd'hui.

Lambert le regardait bizarrement et ça commençait à le tarauder sérieusement, Bensoussan, ce mensonge par omission. En plus, il avait l'impression que Lambert n'était pas dupe, que Lambert écrasait mais qu'il n'en pensait pas moins. Pour dissiper ce malaise qui n'était peut-être que dans sa tête, il avait ajouté en se marrant :

— Congé-maladie.

Lambert ne semblait même pas avoir entendu. Il avait plongé le nez dans son verre brûlant et son regard s'était noyé dans la buée du café. Avait suivi un long silence, seulement perturbé par les slup de Lambert qui avalait son Nes' à petites gorgées. Alors, Bensoussan avait pris la décision de parler à son Bouddha, de tout lui raconter.

Seulement voilà. C'était plus facile à dire qu'à faire. Et puis, Lambert à jeun, ça l'impressionnait. Ce n'était plus la futaille remplie de rhum aux gestes incertains, mais un mec avec un drôle de regard lucide, affûté comme un couteau, triste comme la mort. Qu'est-ce qu'il trimbalait, le vieux, comme secret ? Qu'est-ce qu'il avait lui aussi au fond de lui-même qui n'arrivait pas à sortir ?

Et voilà qu'ils se regardaient tous les deux pour la première fois à la lumière du jour, qu'ils en étaient intimidés, gênés, comme s'ils se trouvaient à poil, surpris dans leur intimité. Et tout de même étrangers quelque part. Lambert avait rompu le silence le premier. Il avait souri et montré les bouquins :

— T'as lu tout ça ?

— Non. J'en suis qu'au numéro 735.

Lambert avait pris ça pour une boutade et demandé en rigolant :

— C'est quoi ?

Le titre c'était *Histoire des doctrines militaires,* de Schneider. Il l'avait dit à Lambert qui l'avait regardé, incrédule :

— Et ça t'intéresse ?

— Tout m'intéresse. Tout. Quand j'aurai tout lu, mec, eh bien, je serai prêt.

— Prêt à quoi ?

Lambert ne comprenait pas bien en quoi la lecture des œuvres complètes de la collection *Que sais-je ?* allait pouvoir aider concrètement Bensoussan dans la vie. A moins de participer au jeu des mille francs.

— La culture, mec, la culture, avait répondu Bensoussan. Si t'as réponse à tout, on peut plus te piéger.

Lambert s'était marré, mais Bensoussan ne s'en était pas vexé. Il ne l'avait pas fait méchamment, le Bouddha, au contraire, c'était plutôt un rire complice, le rire de celui qu'on a mis dans le secret d'une bonne farce et qui s'en réjouit d'avance.

Bensoussan avait estimé que c'était le moment psychologique pour lui faire la surprise. Il était allé chercher le paquet. Malgré le journal qui l'enveloppait, Lambert avait immédiatement reconnu la forme familière d'une bouteille.

Il l'avait déballée. C'était bien une bouteille. Une bouteille de rhum. Mais pas n'importe quel rhum. Celui-ci était un vieux rhum jamaïcain, un rhum de connaisseur, à la belle robe sombre et dorée.

— Je l'ai eu chez les Antillais de Belleville.

Lambert avait regardé longuement la bouteille, si longuement que Bensoussan, inquiet, avait demandé :

— Y te plaît pas ?

Si, il lui plaisait. Mais Lambert n'arrivait pas à parler. Il lui semblait remonter d'un puits sans fond, au soleil, à la chaleur. Il avait juste murmuré :

— Si. Beaucoup. Merci, petit.

Puis, au lieu de sucer le goulot, Lambert s'en était versé une lampée dans son verre et l'avait bue à petites gorgées, les yeux bizarrement humides. Mais l'alcool, hein, ça vous fait parfois cet effet-là.

Alors, tu lui causes, s'était dit Bensoussan. C'est le moment ou jamais non ? Encore une fois, il avait molli. Comment il prendrait ça, Lambert ? Peut-être même qu'il penserait que le rhum c'était le bouillon pour faire passer le couscous ?

C'est mon neveu.

Minuit. Et il n'avait toujours pas parlé. Bensoussan s'était juré de le faire avant qu'ils se quittent. Et fallait faire vite, car de la façon dont le Bouddha éclusait, il serait H.S. avant peu.

— Dis, mec...

Il avait un regard transparent, ce type. Comme si tu causais à ton miroir. Et une fois de plus, la dégonfle. Dure, dure, la confession. Mais Lambert attendait une suite. Bensoussan s'embarqua dans un *glissando* hasardeux :

— T'as dit : mon neveu, tout à l'heure. T'aurais pas honte d'avoir comme neveu un...

L'œil de Lambert se mit à friser, à danser comme un bateau au creux de la vague.

— Nous sommes tous frères... tu peux bien être mon neveu.

Bensoussan se marrait en hochant la tête. Lambert leva la bouteille pour trinquer. A défaut de lever le coude, Bensoussan leva le pouce pour lui répondre.

Furieux au fond de lui-même. Ça ne sortait pas, sacré nom de Dieu, ça ne sortait pas.

La sonnerie retentit, annonçant l'arrivée d'un client. Lambert se leva péniblement. Faut dire qu'il avait commencé à picoler plus tôt qu'à l'ordinaire. Il abandonna sa bouteille de rhum sur le bureau et sortit.

Bensoussan en était encore à se demander comment il allait s'y prendre. Comme pour lui répondre, la bouteille de rhum lui tomba sous les yeux. L'alcool, ce n'était pas son problème. Il n'en buvait jamais. Justement. Ne parlait-on pas du coup de fouet qu'il apportait ? Des verrous qu'il faisait sauter ? Bensoussan se rappelait avoir lu quelque chose sur la convivialité. Sûrement dans un *Que sais-je ?* Il était dit que dans de nombreux cas, l'alcool était un facteur de convivialité, aidant à la communication. D'où les troquets, les apéros, les cocktails et autres manifestations collectives et alcoolisées.

Alors, tandis que Lambert remplissait la panse d'une 504, Bensoussan bondit jusqu'à la bouteille et s'en envoya une giclée qui le secoua des pieds à la tête.

Lorsque Lambert revint, il était fin prêt.

Bouddha reprit son poste, l'œil un peu brumeux. Un vent de force 8 commençait à le secouer. Bensoussan se racla longuement la gorge, d'abord à cause du rhum, ensuite à cause de l'émotion.

— Dis mec... je t'ai raconté des vannes. Je suis pas barman.

Lambert le regardait comme s'il cherchait à comprendre le sens caché des mots que venait de prononcer Bensoussan. Mais il ne dit rien. Ouaf. Le plus dur était fait. Bensoussan reprit :

— Tu sais de quoi je vis ?

Puis sans prendre sa respiration :

— Je vends de la came.

Comme Lambert ne manifestait aucune émotion, il précisa :

— De la blanche, de la dure. De l'héroïne, quoi.

— Tu déconnes.

Et il souriait, ce con. Bensoussan venait de lui avouer qu'il était un trafiquant, ou presque, et il souriait.

— Tu me crois pas, hein ?

— Mais si. T'es un trafiquant, quoi. T'importe de la drogue. C'est quoi, ta filière ? La filière maghrébine ?

Et Lambert de se marrer, de re-biberonner de plus belle. Bensoussan l'observait, amer. Victime de son apparence ?

— Même que c'est Toni, mon fournisseur, fit-il d'un ton un peu aigre.

— Alors, c'est une filière yougoslave ?

Merde. Tu dérapes, mon frère, tu dérapes. Mais je ne t'en veux pas. Parce que t'es mon frère, justement. Mais comment je pourrais bien t'expliquer, te faire comprendre ? Toi, tu vois ça de ta fenêtre, autant dire de Sirius. Comment tu me vois, hein, comment tu me vois ? Parce que tu me connais, tu crois que je suis à part, peut-être même unique, original. Tu te gourres, mon frère, tu te gourres. Nous sommes des dizaines, des centaines dans le même cas. Mais oui, des centaines. On flotte entre deux misères, on appartient à tout le monde et à personne. Produits de cultures contradictoires quand elles ne sont pas antagonistes, déracinés sur les lieux mêmes de notre naissance, étrangers à tous, même à nos propres parents, fils du soleil élevés sous la pluie, nous avons chaud, nous avons froid, toujours à contretemps, toujours à contrecœur. Punis de naissance, nous sommes les mauvais élèves de la société, ses cancres involontaires, et jamais il n'y aura pour nous de classe de rattrapage.

Seulement faut bien vivre, mon frère, faut bien survivre. C'est la loi de la nature et cela suffit pour transformer les petites bêtes que nous sommes en chiens galeux. De coups de pompe en coups de latte, de torgnoles en dérouillées, on devient des engins aux formes bizarres, aux réactions imprévisibles. Et puis un jour, faut bien qu'on choisisse, faut bien qu'on décide. Enfin, c'est ce qu'on croit, parce que le choix il est vite fait. Ou tu vends ton cul ou tu vends le reste. Ton âme, ton cœur et tout le toutim.

Dans ces cas-là, il y a toujours un Toni sur ton chemin. Et alors ? Qu'est-ce qu'il te propose, après tout ? De te sortir la tête du trou, de te hisser au premier rang. Tu connais. L'éternelle tentation, celle qui fait marcher les cons à la paix comme à la guerre. Le bâton de maréchal dans ta giberne, le fauteuil de P.-D.G. dans ton stylo de rédacteur. Et ça marche. Et tu marches comme marcheront jusqu'à la fin des temps tes frères de misère. Comme une giclée de spermatos, on est tous là, à courir, à se démener, à jouer des coudes, de la queue ou du cigare, alors qu'on sait pertinemment qu'il n'y aura qu'un élu et que pour cet élu, tous les autres devront crever.

C'est quoi, une gueule d'élu ? A quoi ça ressemble ?

Marre-toi bien, mon frère, marre-toi bien. Regarde-toi aussi. Parce que toi aussi t'es à la traîne, déjà à la bourre, déjà dans le peloton de queue. Toi non plus, tu ne vas pas tarder à te faire ramasser. Les Mains, mec, les Mains. Toutes les Mains sont d'accord, toutes les Mains sont complices. Et contre ça, tu ne pourras jamais rien.

— Je m'en lave les mains, bredouilla Lambert.

La sonnerie aigrelette retentit, tandis que dehors l'automobiliste pressé faisait des appels de phares. Un nerveux. Un Parisien.

— Prendra bien le temps de mourir, marmonna Lambert en se sortant péniblement de son fauteuil.

Cette nuit, il en tenait une sévère, le Bouddha. Ce n'était plus la cuite de croisière à niveau constant mais la beurrée monumentale, la muflée royale, regard vitreux, jambes flottantes et équilibre instable.

Ça devait arriver. Lambert se prit le pied dans celui de son fauteuil et Bensoussan n'eut que le temps de le récupérer avant qu'il aille s'étaler dans les bidons de multigrade. Il le réinstalla dans son fauteuil tandis que l'autre excité, dehors, multipliait les appels de phares. Manifestement, Bouddha n'était pas en état de délivrer le moindre litre d'essence sans en mettre la moitié à côté.

— Bouge pas, sacré vieux pantin, dit affectueusement Bensoussan. J'y vais.

Lambert réagit à peine. Bensoussan était déjà dehors. Ils étaient six en java dans une vieille Simca pourrie. Deux nénettes qui se faisaient peloter et quatre mecs complètement allumés.

— Alors, esclave, fit le chauffeur, c'est pour aujourd'hui ou pour demain ?

— Combien ? demanda Bensoussan sobrement.

— Le plein.

Tandis qu'une des nanas se lançait dans un long

ululement hystérique, deux mecs se mirent à rythmer sur les portières un air de reggae qui sortait de l'autoradio poussé à fond. Bensoussan connaissait ce genre de largués, chercheurs de salades. Par le biais du rétroviseur, le chauffeur ne le quittait pas des yeux. Bensoussan le sentait. Ne pas regarder. Il ne savait que trop ce qu'un simple coup d'œil peut avoir parfois de provocateur. Prudent, il décida de n'accepter que de l'argent liquide. C'était le genre de loulou à payer avec un chèque en bois. Ou à ne pas payer du tout.

Cloc, fit la pompe qui en avait à ras du goulot. Vroummm, lui répondit soudain l'embrayage de la Simca en s'arrachant au ciment de la station-service. Ils étaient déjà dans l'avenue Philippe-Auguste que la pompe lui pissait encore sur les pieds.

C'était le genre à ne pas payer du tout.

Ah, les chiens. Douze sacs au compteur. Bensoussan fouilla dans sa poche pour réunir les cent vingt francs. Il rentra et les posa sur le bureau. Il n'y avait aucune raison pour que son Bouddha y soit de sa poche.

Pour l'instant, il avait l'œil plutôt vitreux, le Bouddha. Il n'avait pourtant pas encore rompu toutes les amarres. Ça balançait dur mais il était encore à quai.

Bensoussan reprit place dans son fauteuil. Il y eut un long moment de silence, puis Lambert finit par dire :

— Alors ?

— Alors quoi ?

— Tu continues pas ?

— Tu me crois pas.

— Mais si je te crois, mais si. Allez, vas-y, je t'écoute.

Bensoussan avait sur l'estomac les cent vingt francs qu'il venait de sortir pour l'équipe de tordus.

— Ecoute, mec, écoute. Je m'en sortirai, je m'en sortirai, nom de Dieu. Je m'en sortirai parce que je suis malin. Oh, tu peux te marrer... Tu veux que je te dise ? Tiens... prends Toni, par exemple... il sortira jamais de son bar, lui, jamais. C'est rien qu'un grand con de Croate, y sait tout juste écrire son nom. Tandis que moi, je sais plein de trucs, je peux parler de plein de choses.... Tiens, je peux te parler des Cathares et des Albigeois, si tu veux... de sacrés mecs, mon pote. Je peux te parler aussi de l'automation... de quoi te faire flipper pendant huit jours... ou de l'art du blason... Tu connais ça, toi, l'art du blason ?... Tu sais ce que c'est, toi, de sinople à la croisette au cœur d'or ?... Eh ben, justement... C'est justement parce qu'il sait pas, Toni, qu'il l'aura dans le cul... dans la gueule sur fond d'emmerdes.

Lambert écoutait, aux anges. Il était reparti, son petit métèque, il s'était remis sur orbite, et, de nouveau, il déconnait grandiose, cosmique.

— Et puis, tu sais pas tout, mec, tu sais pas tout. Avec mon air con et ma vue basse, j'en sais des choses, oh putain oui, j'en sais des choses. Tiens, par exemple... le Toni, je sais moi, où il se fournit. Je le connais, son grossiste, et il sait pas que je le sais. Et ça, mec, ça, ça vaut de l'or... Tu sais pourquoi ? Parce qu'un jour... Tu m'écoutes, merde, au lieu de te fendre la gueule tout le temps ?... parce qu'un jour, j'en aurai plus besoin, du Toni... aux gogues, le Toni. Et moi, je traiterai directement. Ouais, ouais, directement. Oh, tu peux te marrer... tu verras, tu verras. Tiens, je peux même te dire où il crèche, ce type… Rue Dauphine… même qu'il a une galerie de tableaux. Ouais… c'est comme ça maintenant. Et tu sais comment il s'appelle ?… Dickie. Il s'appelle Dickie.

De temps à autre, Lambert s'envoyait une petite gorgée de rhum comme pour faire glisser les mots de Bensoussan. C'est qu'il tenait la forme, cette nuit, son petit raton.

— … dans deux ans, je suis dans mes meubles. Alors là, crois-moi, ça chiera. Ça sera pas des *Que sais-je ?*, dans ma bibliothèque, mais des livres rares, rien que des éditions originales… Et attention les yeux… reliées, reliées cuir, si, si du vrai cuir… pleine peau, comme on dit.

— Arrête tes conneries, dit Lambert, hilare. Je craque.

— Je savais bien que tu me croirais pas.

— Mais si je te crois, mais si. Tu vas pas te vexer, merde.

— Je me vexe pas. T'es pire que saint Thomas. Les doigts dedans, tu te demanderais encore ce que c'est.

— Les doigts dans quoi ? demanda Lambert, qui commençait à avoir du mal à suivre.

— Devine ? rigola Bensoussan.

— T'es dégueulasse.

Ils se mirent à rigoler un bon moment, puis Lambert montra la bouteille à Bensoussan.

— Dommage que tu picoles pas. Juste un peu, quoi.

— Je boirai un jour, mon frère, je boirai un jour. Mais que du champagne. Rien que du champagne.

C'était reparti. Il baissa soudain le ton, regarda

dehors, comme si la station-service était entourée de forces hostiles, puis reprit en se penchant vers Lambert :

— Parce que je t'ai pas tout dit, mec. Y a encore autre chose. Le mec qui fournit le Dickie...

— Dickie ? Qui c'est Dickie ? réalisa soudain Lambert.

— Le mec qui fournit Toni, s'impatienta Bensoussan. Tu m'écoutes oui ou merde ? Bon. Dickie aussi, il a un fournisseur... un importateur. Eh bien, moi, je sais qui c'est. Ça t'en bouche un coin, ça, hein ? Quand je te dis que je suis moins con... Des semaines, je leur ai filé le train aux uns et aux autres pour découvrir tout ça. Alors, les poulets, tu parles qu'ils sont pas au courant.

Il baissa encore d'un ton :

— Seulement, ils peuvent rien faire. Immunité diplomatique, comme on dit. En plus, c'est un nègre... et pas un largué de la rue de l'Orillon, hein ? Si t'es pauvre et noir, t'es un nègre... Si t'es plein aux as et noir... eh ben, on voit plus que la couleur de ton pognon.

Dans sa tête, Lambert semblait occupé à faire le ménage, à ramasser des mots éparpillés. Il finit par bredouiller :

— Ton mec... ton nègre... il s'appellerait pas Gaspard, par hasard ?

— Gaspard ? Pourquoi Gaspard ?

— Parce que tous les nègres qui ont du pognon, ils s'appellent Gaspard. Et c'est pas d'hier, hein... Ça fait deux mille ans que ça dure.

— Tu me charries ou quoi ?

— Non, non. T'as jamais entendu parler des Rois Mages ? Trois, ils étaient, trois. Attends... Y avait...

euh... Melchior... puis Balthazar et... et le Gaspard en question. Un Blanc, un Jaune, un Noir comme dans les feuilletons américains.

Après cet effort, Lambert s'embrumait de nouveau. Les amarres claquaient les unes après les autres. Bensoussan attendait une suite qui ne vint pas.

— Je regarderai si j'ai un *Que sais-je ?* là-dessus, fit-il sérieusement.

Il était perplexe. Derrière les yeux transparents de Lambert, ça chahutait dur. On était encore monté d'un degré dans l'échelle de Beaufort. Bensoussan finit par demander :

— Y a un rapport ?

— Non aucun.

Bensoussan se leva. A la place des gnons, ça virait au bleu et au marron. Les croûtes étaient noires. Le rhum lui battait les tempes. Demain serait un grand jour. De toute façon. Parce que même les jours de défaite ne sont pas des jours comme les autres.

— Je suis rincé, dit-il, vidé, nase.

Lambert le voyait comme à travers un brouillard londonien. Cette saloperie s'insinuait partout. Bensoussan était près de la porte. Un sourire émergeait de ses plaies multiples. Pourquoi il ne foutait pas le camp, ce petit con ?

— Alors, tu te tires, oui ou merde ?

— Tchao, pantin.

C'est ça, barre-toi, sale petit métèque. Va rejoindre tes camés, tes nègres, tes Croates et toutes les putains de tribus qui t'ont engendré.

Lambert sombra corps et biens.

Comment ça s'efface, un Bensoussan ? Comment ça se gomme de la mémoire ? Lambert interrogeait la bouteille posée devant lui. Mais celle-ci lui fournissait toujours la même réponse.

Bensoussan. Vingt-quatre heures qu'il était parti, le slip en chaleur, la tête farcie de sa punk malgré tout ce qui lui était arrivé à cause d'elle. Indécrottable, ce mec. A éliminer, donc.

T'es d'accord, hein ? Pas de faille dans le système, pas d'exception, pas de faiblesse. Le diluer, le dissoudre, le noyer consciencieusement, méthodiquement, gorgée après gorgée, jusqu'à ce qu'il retrouve l'oubli, l'oubli plat comme l'électroencéphalogramme d'un mort. Puis après, tchao, petit raton de merde.

Dix heures. Il n'était que dix heures.

Derrière leurs hauts murs, les morts du Père-Lachaise avaient droit, eux, au repos. Au néant. S'anéantir. Comment fait-on pour s'anéantir quand on a une carcasse qui rechigne et un reste de conditionnement qui vous interdit le geste libérateur ?

Dix heures quinze.

Ce fut l'heure que choisit Bensoussan pour réapparaître dans la vie de Lambert. Dès que celui-ci le vit surgir sur la piste, les jambes écartées de part et d'autre de sa Mob, quelque chose se mit à s'agiter dans son estomac. Tempête dans un litre de rhum ou vieille sonnette d'alarme qui tentait de se faire réentendre ?

Il en mettait du temps, le petit métèque, à garer son engin, à se retourner, à s'avancer vers le bureau. Drôle de démarche, mi-crabe, mi-canard. Il poussa la porte. S'appuya dans l'encadrement. Dans l'estomac de Lambert, la sonnette d'alarme s'imposa.

— Salut mec, dit Bensoussan. Je crois que j'ai fait le con.

Et il fit quelque chose de tellement inattendu, de tellement surprenant, que Lambert sentit son angoisse croître et embellir. Bensoussan venait de prendre la bouteille de rhum et de s'en envoyer une impressionnante lampée. Sous le choc, il en battit des paupières et parut flotter un instant.

— Qu'est-ce qui t'arrive ?

— J'ai fait le con. J'ai fait le con... c'est tout.

L'air de vouloir tout garder pour lui alors que, manifestement, il brûlait d'envie de tout raconter. Sur son visage, les traces de coups s'étaient estompées et ressemblaient maintenant aux restes d'un maquillage mal effacé.

— A cause de ta nana, je suppose ?

Bensoussan se laissa choir sur son siège habituel, toute la misère du monde bien arrimée sur ses épaules. Le Juif errant, l'éternel nomade, l'émigrant maudit, l'apatride persécuté. Tout ça flottant au fond d'un regard d'une lucidité si transparente que Lambert détourna la tête. *Ce regard qui...*

— Tu l'as revue ou tu l'as pas revue ? insista Lambert.

— Je suis dans une merde monumentale, mec. Monumentale.

— Eh bien, raconte. Ça sert à rien de se lamenter.

— T'as raison.

Mais il ne parla pas tout de suite. Lui, habituellement si prolixe, ne parvenait pas à se décoincer. Sans se soucier de Lambert, il sortit un petit sac en plastique et se roula un joint. Lambert préféra imaginer qu'il s'agissait de caporal ordinaire. Bensoussan alluma le petit rouleau de papier, aspira un bon coup. Exotique, le caporal ordinaire, cette année. Exotique. Bensoussan aspira encore une fois, longuement, profondément, et parut enfin se calmer. Il dit :

— Ouais, je l'ai revue. Et elle était toute seule, cette fois.

— Toi aussi, je suppose ?

— Ben oui, fit Bensoussan, surpris.

— Je veux dire : t'avais pas la Kawa.

— Evidemment.

— Et elle t'a jeté ?

— Pas du tout, mec, pas du tout.

Lambert, qui, obscurément, se réjouissait déjà, attrapa la bouteille de rhum, s'envoya sa dose, puis agita le pouce en direction de la piste :

— T'y as quand même pas été avec ta Mob ?

— Ben non.

Lambert soupira. Il sut que le compte à rebours des conneries de Bensoussan allait commencer incessamment. Il faisait rouler une Celtique entre ses doigts sans se décider à l'allumer. Il avait quelque chose de changé, son petit métèque. Mais quoi ?

— Pas à pied non plus ?

— Ben non.

Ils s'observèrent longuement, à l'instar de ces vieux couples qui savent si bien communiquer sans se dire un mot. Lambert avait deviné. Pour ne pas avoir l'air de dramatiser, de mener un interrogatoire, il prit le temps d'allumer sa cigarette. Puis il resta à regarder son allumette se consumer.

— Souffle pas dessus, mec. T'es un vrai chalumeau.

Ça ne fit pas rire Lambert, que seule la flamme sortit de sa contemplation. Il secoua la main. Bensoussan ne le quittait pas des yeux. Il avait deviné, son Bouddha. Bon. Mais il en concluait quoi ? Qu'est-ce qu'il y avait dans sa grosse tête toute ronde, en dehors des vapeurs éthyliques ?

— Ecoute, plaida-t-il, je pouvais tout de même pas y aller avec une Mob à roues carrées, hein ?

— Alors, t'as piqué un engin quelque part.

Une affirmation de la part du gros. Une certitude même. Et il avait raison. Bensoussan avait bien été piquer un engin quelque part. Du côté de la Bastille, pour être précis, là où des malades de la grosse cylindrée se réunissent régulièrement pour échanger des informations ou faire des études comparatives sur les nouveaux fluides de fourche, carénages, échappements ou intégraux dernier cri.

Bensoussan y avait souvent traîné ses lattes, l'œil mouillé de désir, glissant d'une Yam à une Kawa pour sauter à une Suz. Des instants de rêve à admirer ces demi-dieux bardés de cuir, casqués comme de preux chevaliers, et dont le siège arrière était toujours occupé par une pulpeuse amazone. Du moins, Bensoussan se plaisait à les imaginer ainsi.

— Et t'as trouvé une Kawa ?

— Ouais. Mais seulement une 650.

Seulement. *Seulement une 650.* Un engin de pauvre, quoi. Un truc qui devait *seulement* coûter deux bâtons.

— Evidemment, ironisa un peu lourdement Lambert, je comprends que ta punk t'ait snobé.

— Mais pas du tout, pas du tout. T'y es pas, mec.

Les motos, c'est bien connu, ne sont pas fidèles. Cette 650 ronronnait donc sans le moindre remords entre les cuisses amoureuses de Bensoussan lorsqu'il se rendit au rendez-vous de Lola-la-dingue.

Dès qu'elle le vit, elle joua les indifférentes, les blasées, s'approchant sans hâte du trottoir le long duquel il venait de s'arrêter. Un « salut » au goût sauvage fusa entre ses petites dents carnivores. Puis tout en même temps, elle découvrit son visage rectifié façon Toni et la nouvelle Kawa. Cette dernière obtint la priorité.

— Dis donc... c'est pas ta Kawa, ça ?

— Ben si, hasarda Bensoussan.

— Me prends pas pour une conne, hein ?... Ça, c'est une Z 650 spéciale.

Et voilà. On veut simplifier, on veut éviter de se pourrir la vie et quoi ? On tombe sur une spécialiste, une pro de la chose, capable de réciter la liste de tous les engins du marché, de la 350 à la 1300, y compris les protos.

— Tu montes ? proposa Bensoussan pour couper court à toute explication.

Mais elle l'observait, méfiante, en retrait d'un pas, son œil se baladant entre la figure arc-en-ciel de Bensoussan et la Z 650 Spéciale. Ignorant l'invite, elle demanda :

— Et ta 1000 ? Où elle est ?

— Au garage. Y a un nase [1] qui m'a serré sur les boulevards et je me suis retrouvé dans le décor. T'as qu'à regarder ma tronche.

Jamais en panne d'explications, Bensoussan. Et tout servait. Lola-la-dingue l'observait toujours. Sa méfiance avait viré à la perplexité. Bensoussan en profitait pour l'admirer. Ah, ces nichons palpitants sous le tee-shirt.

— Alors ?... Tu montes ?

Mais elle n'avait pas totalement désarmé et demanda :

— T'en as acheté une autre ?

— Tu rigoles... C'est une qu'on m'a prêtée en attendant que l'autre soit réparée.

Lola-la-dingue décida que l'explication était valable et que, pour l'instant, elle pouvait s'en contenter. Elle enjamba la machine et Bensoussan se sentit parcouru d'un long frisson lorsqu'elle le prit à bras-le-corps. Pour un peu, il aurait décollé à la verticale. Seule une question idiote de pesanteur l'en empêcha. Derrière, Lola lui hurla dans les oreilles :

— T'es con ou quoi ?

Deux petites vieilles, une R5 et trois immigrés manquèrent de se faire emplâtrer par la 650 soudain folle, soudain déchaînée, fauve au sein d'esclaves. Prenant la rue de la Fontaine-au-Roi pour une rampe de lancement, Bensoussan arriva en un temps record au boulevard de Belleville. Le feu rouge tempéra son ardeur. Lola-la-dingue en profita pour sauter de l'engin.

— Pauv' mec. Ça va pas la tête ? Qu'est-ce que tu

1. Automobiliste imprudent, dans le langage des motards.

veux prouver ? Que t'es le roi des cons ? Pas la peine, j' suis convaincue.

Fin psychologue, Bensoussan utilisa le seul argument susceptible de faire taire cette Lola-là.

— Ben quoi ? T'as les jetons ?

Elle réenfourcha la machine dans un mouvement rageur et lança, pour ne pas perdre la face :

— Alors, connard ? Tu démarres ?

L'heure n'était pas à l'escarpolette, au duo d'amour. Mais Bensoussan se foutait des mots. Seule la musique comptait, même si les sons étaient quelque peu agressifs. C'était de la harpe, mon frère, du chant de chrétiens, du dégueulando céleste. Avec en prime, effluves enivrants, son haleine, chewinggumesque, son parfum, mélange subtil de cuir et de peau.

Démarra comme il en avait le secret. Freina aussi sec à la suite d'un cri en provenance de Lola-la-dingue. Derrière, un automobiliste les traita de pédés. Bensoussan regardait Lola à s'en dévisser la tête.

— Quoi encore ?

— Où c'est qu'on va ?

— C'est une surprise.

Il bloquait les voitures voulant tourner à droite. On les traîna dans la boue. Ces jeunes. Pas malheureux. Feignants. Voyous. Gauchistes. Bensoussan fit un bras d'honneur qui s'adressait à la collectivité et démarra tandis que Lola-la-dingue s'accrochait à la volée à ses épaules.

Complètement jeté, ce mec. Peut-être devenu barjot à la suite de sa chute. Ça existe. Va nous emplafonner dans le bus. Non, loupé. Merde, la conne enceinte. Encore loupé. Schlick, un coup à gauche, splaff, un rase-mottes à droite. Ménilmontant déjà. Où il va ce con ? Mais où il va ?

Elle n'eut même pas le temps de hurler lorsqu'elle le vit se jeter littéralement sur un immeuble. Elle dut se retourner pour réaliser qu'il y avait une ouverture en forme de porte cochère dans cet immeuble et que, de ce fait, ils se trouvaient maintenant dans une ruelle sombre et inquiétante au milieu de laquelle Bensoussan venait d'arrêter son engin de mort.

— Qu'est-ce qu'on fait là ? demanda-t-elle, méfiante.

Par expérience, elle savait que c'était le genre de secteur où on pouvait la violer par-devant et par-derrière, l'égorger et l'étriper, sans qu'au-delà des fenêtres closes quiconque s'émeuve. Avec cette sacrée télé et les mômes qui gueulent, si vous croyez qu'on entend ce qui se passe dehors ?

— Où on est ? reprit-elle.

Décidément, ce mec et cette moto, ça n'allait pas ensemble. Elle descendit de l'engin, s'arrangeant pour qu'il se trouve entre elle et lui. Non pas qu'elle attachât une importance particulière à une vertu qui en avait vu d'autres, mais elle n'était pas décidée à se laisser imposer quoi que ce soit. Surtout pas par un largué de ce genre.

— Ça s'appelle la cité du Labyrinthe, dit Bensoussan. C'est là que j'habite. J'ai un studio dans l'immeuble... là.

Appeler ça immeuble relevait d'un lyrisme tout oriental. Mais à la brune, la lèpre se faisait discrète. La misère noire allait bientôt se confondre avec la nuit du même nom. Et Lola-la-dingue manquait de critères de comparaison.

— T'habites tout seul ?

— Ouais.

Bon. Ils n'allaient pas attendre que la lune se lève. Et puis, il n'avait pas l'air dangereux avec son œil d'épagneul, ses épaules de tubard et son sourire con. Encore qu'il faut se méfier. Y a des timides qui se révèlent de vrais sadiques dans l'intime. Brusquement, elle se demanda ce qu'elle foutait là, ce qui avait bien pu l'inciter à accepter ce rencard. Ce mec, elle en avait vraiment rien à cirer.

Tandis que Bensoussan installait la Kawa sur sa béquille, Lola lui demanda :

— Ton fric... d'où tu le sors, toi ?

Bensoussan se tourna vers elle avec un grand sourire. Tranquille, peinard. Fin prêt pour sa grande scène du deux.

— Bensoussan... T'as entendu parler de Bensoussan ? Ben quoi... Le roi du couscous... l'homme aux vingt restaus.

— Ben oui... et alors ? C'est quand même pas toi ?

— Non... mais c'est mon oncle.

— Tu me charries ?

— Et pourquoi ça serait pas mon oncle, hein ? Tu veux que je te montre mes papiers, dis ?

— Bon, ça va, ça va... T'es le neveu à Bensoussan. Et alors ? Il est pas là-haut, en train de préparer le couscous, non ?

— Monte, sourit Bensoussan.

Lambert avait pris sa vitesse de croisière. D'ailleurs, la bouteille ne quittait pas le creux de sa main. Et puis, de nouveau, la magie du récit de Bensoussan jouait. Il aurait donné des allures d'épopée à la lecture de l'annuaire, le petit raton. La sonnette d'alarme reposait sous une épaisse couche de rhum.

— Et alors ? demanda-t-il.

— Elle est montée, mon frère, elle est montée.

Pouvait pas dire qu'elle avait été emballée par la garçonnière de Bensoussan, et elle aurait même émis des doutes sévères sur sa parenté avec le roi du couscous s'il n'y avait pas eu les bouquins. Qu'on le veuille ou non, les signes extérieurs de culture, ça impressionne toujours. Surtout quelqu'un qui n'a pas éprouvé le besoin d'aller au-delà du premier cycle. Et c'était le cas de Lola-la-dingue. Devant ces centaines de volumes, Bensoussan redevenait soudain crédible. Est-ce que les paumés, les tarés du genre qu'elle fréquentait habituellement savaient seulement que ces bouquins existaient ? Sortis de leurs B.D...

Bensoussan avait bien fait les choses. Une bouteille de punch, des galettes Saint-Michel (on pique ce qu'on peut), et assez de loukhoums pour écœurer la moitié de Beyrouth. Le tout disposé sur un plateau en cuivre repoussé acquis le matin même, après un sévère marchandage, chez un Tunisien de la rue Ramponneau. On ne va tout de même pas se voler entre frères.

Avec la lampe de pute et les coussins de fatma, on était vraiment ailleurs. Ils se bourrèrent d'abord de gâteaux, puis de loukhoums. Et ils se bourrèrent tout court, le punch, méchant traître, les étendant pour le compte en travers des satins mauve et rose.

La pénombre donnait à Bensoussan une beauté qu'il n'avait pas. Ses liens de sang avec le roi du couscous aussi. Va savoir, toi, comment on finit par se retrouver à poil dans ces moments-là ?

Ils firent l'amour maladroitement. Lola gémit un peu, mais Bensoussan se mit sur orbite, fit trois fois le tour de la terre et revint à son point de départ avec une envie forcenée de recommencer. Une envie que Lola ne semblait pas partager.

— Tu te l'es quand même faite, petit salopard ? rigola Lambert. A ta santé, don Juan.

Il leva la bouteille qui en avait pris un sérieux coup, et l'enfourna en souhaitant bien du plaisir à son petit métèque. Nana, égal emmerdes. Equation simple. Au premier degré.

Faite. Mais pas refaite, déplorait Bensoussan. C'est moi qui suis refait. Il pensait au corps de Lola, à la peau de Lola, aux seins de Lola, aux petites fesses dures de Lola, et de longs frissons le parcouraient. Quelque chose se mettait à bouillir dans son bas-ventre. Lola. Bon Dieu. Lola. Il ne pensait plus qu'à elle. Il ne pensait plus qu'à *ça*.

Chair de poule, gorge sèche, mains moites. Tous les symptômes y étaient. Lola-la-dingue avait réveillé la bête. Du fond des temps, Pan enfin revenu, enfin ressuscité, était prêt à baiser la terre entière.

— Après, dit Bensoussan, elle a voulu qu'on aille faire un tour en Kawa.

— Et alors ?

Alors, les emmerdes avaient commencé. Pas loin, juste à l'entrée de la place de la Nation. Les emmerdes étaient deux et portaient des uniformes de motard. L'un contrôlait un automobiliste bourré comme un coing et qui ne parvenait pas à extraire sa carte grise de son portefeuille. L'autre était disponible, l'œil en alerte. Il avait déjà laissé passer un feu arrière à moitié déglingué, un pot d'échappement un peu trop libre et s'en félicita lorsqu'il vit arriver juste dans l'axe une moto dont aucun des deux occupants ne portait de casque. Miam. Miam. Et des jeunes, bien sûr. Gant blanc, sifflet. Serré par un poids lourd, Bensoussan dut choisir entre s'arrêter ou se payer le motard. Il s'arrêta.

— Et t'es là ? s'étonna Lambert.

Ça s'était gâté tout de suite. Pour les flics, le délinquant doit dégager une odeur spéciale. Avant toute vérification, ils savent déjà. Celui-là savait, suffisait de voir son œil pointu. Poli tout de même.

— Papiers s'il vous plaît.

La main de Bensoussan monta vers son blouson, puis soudainement se détendit ouverte en direction du cou du policier. Le tranchant entra en contact violent avec la pomme d'Adam du motard qui se mit à tousser, cherchant à la fois de l'air, des mots et son sifflet. C'était trop pour un seul homme.

Le reste relevait de la cascade. Donner les gaz, sauter l'angle du trottoir, éviter le second motard et foncer droit, fissa, fissa, en priant ces putains de dieux antagonistes pour qu'une fois, une fois seulement, ils se mettent d'accord pour lui faire une fleur.

Ils la lui firent. Et c'était bien ainsi, car derrière, les hurlements et les coups de Lola-la-dingue suffisaient à son bonheur.

— Tu vois le tableau d'ici... Y a bien fallu que je finisse par m'arrêter, elle nous aurait envoyés dans les décors, cette conne.

— Et puis ?

— Ben, elle m'a dit ce qu'elle pensait de moi, fit pudiquement Bensoussan. Elle m'a quitté, et moi j'ai quitté la Kawa. Tu parles d'un engin toi.

— De qui tu parles ? De ta punk ou de la Kawa ?

Mais Bensoussan ne l'écoutait pas. Il flottait dans l'éther à la recherche de son amour perdu. Irréel, tout ça. L'avait *vraiment* tenue entre ses bras deux heures plus tôt ? Avait *vraiment* collé son corps brûlant contre son corps frissonnant ? L'avait *vraiment* pénétrée ? L'avait *vraiment* entendue gémir ? *Vraiment* gémir ?

Vraiment ?

Les yeux brûlants de larmes refoulées, contenues à la périphérie. Te laisse pas déborder, mec, ravale tout. Lola, merde. Ta peau. Ton sexe. Tes... Lambert le ramena sur terre.

— Pas de quoi paniquer, dit-il. Comment veux-tu qu'ils te retrouvent ?

Bensoussan respira à fond et sourit. De son joint, ne restait plus qu'un vague morceau bordé de noir. Il renifla, s'éclaircit la gorge.

— C'est pas tout, mec. Y a plus grave. Vachement plus grave.

Lambert soupira et jeta un coup d'œil au niveau de la bouteille. Ça suffirait sûrement pas pour supporter la suite.

— Ça s'est passé cet après-midi, dit Bensoussan.

— T'as bossé ?

— Ben oui. Ça n'a rien à voir avec la danse que m'a foutue Toni. C'est pas un rancunier.

— Et toi ?

— Moi ? sourit Bensoussan. J'ai pas les moyens d'être rancunier. Mais tout s'achète, mec, tout s'achète. Peut-être qu'un jour, je pourrai m'acheter de la rancune.

— Bon. T'étais à ton bar. Alors ?

— Quel bar ? Qui te parle de bar ?

— C'est toi qui me parles de bar, merde. Tu m'as bien dit que t'étais barman, non ? Eh bien, pour moi, un barman, ça se tient derrière un bar. Et c'est pour ça que je te parle de bar.

— Oh, merde, gémit Bensoussan.

Y avait donc rien à faire avec cette sacrée futaille. Une oreille sélective, pour le moins. N'entendait que ce qu'il voulait bien entendre. Pourquoi ? A quel niveau se situaient les blocages ? Bensoussan aimait bien raisonner scientifique, jouer avec des mots inhabituels. Un luxe. Un peu comme poser ses fesses dans une bergère Louis XV ou bouffer du caviar à la cuiller. Les images de Bensoussan avaient les couleurs d'Epinal.

— Je suis pas barman, je t'ai dit. Je suis pas barman.

Dans le système sanguin de Lambert, le rhum continuait son petit bonhomme de chemin. Après avoir parcouru les artères, il s'insinuait maintenant dans les vaisseaux, chatouillait les terminaisons nerveuses et commençait à bousculer les neurones. C'était la dangereuse apesanteur, le flottement périlleux, la porte ouverte sur le vide. On en revient ou on n'en revient pas. Lambert fut sauvé par le gong. Sur la piste, une Opel attendait sa ration de super.

Il prit l'air vif de la nuit comme une claque dans la gueule et souffla longuement avant de rejoindre la pompe. S'en était fallu de peu qu'il coulât.

— Le plein, demanda le noctambule.

Puis il essaya de discourir sur la cherté de la vie, le seuil fatidique des cinq francs pour le super, et renonça devant le peu d'enthousiasme de Lambert pour participer à ces considérations économiques.

Lambert était ailleurs. Il se baladait dans le temps. Oh, pas bien loin, juste vingt-quatre heures en arrière. Salope de mémoire. Des trous gros comme une maison. Qu'est-ce qu'il avait dit, le petit raton ? Il n'aurait pas effectivement dit : *Je ne suis pas barman* ou quelque chose comme ça ?

Ouais, ouais. C'est pas bientôt fini ? Il y a autre chose, tu sais bien qu'il y a autre chose. Quelque chose de tapi, là, dans un coin de ton crâne, emballé comme un manteau de fourrure en été, hors de portée du temps, hors de portée de la mémoire, cette dévoreuse. Joue pas à cache-cache, espèce d'ivrogne. Tu sais de quoi il retourne. Seulement, t'as balayé ça sous un meuble pour pas que ça se voie. Alors, tu te penches ? Tu le fais le ménage dans ta cervelle imbibée ?

— Ho ! cria soudain le noctambule. C'est plein.

Cent cinquante balles. Le pare-brise, ça sera pour une autre fois. Reste encore un peu à l'air, Lambert, laisse s'évaporer le trop-plein. Alors ? Tu le vois, ton petit tas de boue, ton jardin secret de merde ? Tu te souviens, maintenant ? Oui ? Alors, trop tard. Tu peux plus occulter, tu peux plus te donner bonne conscience. Tu sais ce qu'il fait, ton petit métèque, tu sais de quoi il vit. Il n'y a guère, tu l'aurais étranglé de tes propres mains, non ? Qu'est-ce qui se passe, sac-à-vin ? Ça serait pas à cause du regard ? *De ce regard que...* Où t'a-t-il donc frappé, ce regard ?

Le billet de cent francs était un ridicule petit rouleau entre ses doigts. Il traversa la piste. Dès qu'il poussa la porte, Bensoussan sut que son Bouddha se souvenait.

Lambert s'assit et entreprit de lisser le billet qu'il venait de transformer en cylindre. Son œil restait obstinément fixé sur cette délicate opération. Il s'est pas jeté sur sa bouteille, nota Bensoussan.

— Je t'écoute, dit Lambert.

— Tu te souviens maintenant ?

— Ouais.

Il le regarda. Et puis sourit.

— Vas-y, petit.

C'était bête. Bête comme toutes les tragédies. Dans un grand élan de pureté, quelque peu démagogique et complètement débile, un député de gauche avait obtenu que la police lance une vaste opération antidrogue sur le quartier de Belleville. Comme si l'arrivée en fanfare des archers pouvait déboucher sur un résultat quelconque.

— J'étais dans un rade du boulevard quand ils ont débarqué à Belleville. Tu parles de cons. Le grand jeu. Les sirènes. Les képis comme s'il en pleuvait. L'Algérie, mon frère. Manquait plus que Massu. Moi, j'avais encore une vingtaine de doses. De quoi tomber pour cinq ans. Alors, j'ai paniqué, j'ai suivi les consignes. J'ai tout largué sous la banquette et je me suis tiré. Et maintenant, je suis dans une drôle de merde.

— Pourquoi ? T'as suivi les consignes, non ?

— Ben oui. Seulement, y a une couille. Les poulets, ils n'ont pas fait de descente dans le rade.

— Et alors ?

— Alors ? Alors, quand je suis revenu, la came... eh bien, la came, elle était plus sous la banquette. Evidemment, personne n'a rien vu. Y avait plus de clients, y paraît. Le patron, y devait compter les chiures de mouches au plafond, je suppose. Et y en avait pour deux bâtons, mec. Pour deux bâtons.

La bouteille de rhum réapparut. Par politesse, Lambert la montra à Bensoussan, qui refusa de la tête. Pourtant, entre frères de misère, on peut voguer sur les mêmes flots, non ? Lambert but et s'essuya la bouche. Rien de tel pour tenir les emmerdes à distance. Un peu comme un feu écarte les loups. Bien sûr qu'ils continuent d'exister, les loups, mais dans la flamme montante qui vous tord le bide, peut-être bien qu'ils finiront un jour par cramer.

— Toni est au courant ?

— Ouais. Mais il me croit pas. Il pense que c'est moi qui l'ai chouravée, la came. Il dit que j'ai profité de l'occasion. Moi, je sais pourquoi il pense ça : c'est à cause de la Kawa. Y doit s'imaginer que je veux m'en acheter une. Comme si j'étais assez con pour faire ça.

— Propose-lui de le rembourser.

— J'ai pas eu le temps. Je l'ai eu seulement au téléphone. Y m'a raccroché au nez.

Il secoua la tête et enfonça ses doigts dans sa chevelure crépue, murmurant presque pour lui-même :

— Faut que j'aille le voir... Y faut.

— T'as de quoi le rembourser ? demanda Lambert.

— C'est pas le problème, mec... Le problème, c'est que Toni est un con. Et tous les cons sont dangereux. Y s'arrêtent pas un instant d'être cons. Alors ? Quand c'est que tu peux leur parler intelligemment ?

Bensoussan se leva en répétant :

— Faut que j'y aille.

— Maintenant ?

— Ben oui... autrement y va croire que j'ai mis les voiles.

Des mots pour ne rien dire. L'important était ailleurs. Dans cet espace qui les séparait et leur donnait soudain le vertige. L'angoisse, vieille garce indestructible, refaisait surface. Bensoussan n'arrivait pas à partir. Lambert ne parvenait pas à le virer. Et voilà qu'il demanda :

— Quand est-ce que je te revois ?

Il fut aussi surpris que Bensoussan. Avait-il jamais posé pareille question depuis qu'ils se connaissaient ? S'était-il jamais soucié de savoir s'il le reverrait ou non ? Bensoussan sourit. La vacherie universelle faisait une pose. Ses dieux antagonistes devaient souffler quelque part.

— Allez… tchao pantin.

— Fais gaffe, petit.

La porte était déjà refermée et c'était trop tard. Le petit métèque se dandinait en traversant la piste. Cette crampe stomacale, Lambert la reconnut soudain : c'était la peur. Une vieille compagne oubliée dans un placard mais qui en ressortait, intacte, immonde. Toujours aussi obscène. Il voulut se lever, courir après Bensoussan, lui dire de revenir. Mais il ne le fit pas.

Restait la nuit, cette interminable nuit qui n'en finissait pas de s'effilocher et qu'il fallait haler, brassée après brassée, pour en venir à bout.

Tchao pantin.

Ça lui restait là, imprimé au creux de l'estomac, comme un adieu, comme un faire-part. Morose, le rhum, cette année. Morose, la nuit. Morose, la solitude.

Combien de temps s'était écoulé lorsque le rodéo commença ? Un moteur de Mob d'abord, qui fit chaud au cœur de Lambert. Il se pencha vers la vitre et reconnut tout de suite la silhouette planante de Bensoussan. Qu'est-ce qui lui arrivait encore, au petit raton ? Il déboulait en fusée volante, brûlant le feu rouge, fonçant comme un dément sur la station-service. Où espérait-il s'arrêter ? Dans une pompe ? Dans la vitrine ? Il avait sauté le trottoir sans même ralentir et s'engageait sur la piste…

C'est alors que Lambert aperçut la moto. Comme aspirée par la trajectoire de Bensoussan, elle suivait rigoureusement le même chemin. Feu rouge grillé, trottoir effacé. Ils étaient deux dessus, deux en cuir noir, et casqués.

Tandis que Lambert se levait, Bensoussan effectua

un dérapage contrôlé à ras de la vitrine. L'espace d'un instant, le pompiste reçut le choc de son visage angoissé, déformé par la trouille.

La moto, à son tour, venait de s'engager sur la piste. En voltige, Bensoussan était reparti en sens inverse, tandis que la moto, à son tour, dérapait, frôlait la vitrine et repartait.

Lambert jaillit du bureau tandis que le rodéo reprenait plus loin en plein carrefour. Bensoussan avait escaladé le terre-plein, espérant sans doute semer ainsi ses poursuivants. Mais les deux types montaient une trial qui aurait grimpé un mur à la verticale. Bensoussan se glissa alors entre deux voitures qui lui laissaient tout juste le passage. Les autres ne tombèrent pas dans le piège, contournèrent et repartirent de plus belle.

Lambert s'était avancé jusqu'aux pompes. La fureur de l'impuissance. La honte aussi quelque part d'être là, inutile parce que.

Bondissant du néant, Bensoussan surgit de nouveau sur la piste, talonné par les acharnés en trial. Instinctivement, Lambert décrocha une des pompes, comme si cette arme dérisoire pouvait avoir une utilité quelconque.

Une fois encore, Bensoussan aurait pu utiliser sa mobilité, sa légèreté pour contrer ses poursuivants. Malheureusement pour lui, alors qu'il allait amorcer son dérapage en début de piste afin de prendre les autres à contre-pied, sa roue arrière glissa dans une flaque d'huile...

Tout se passa alors comme dans un rêve, comme dans un cauchemar au ralenti. Une scène à la Peckimpah, bien décomposée, bien sanglante.

Devant Lambert impuissant, la trial arriva comme

une bombe et prit Bensoussan de plein fouet alors qu'il tentait de se redresser. La Mob ne pouvait être en aucun cas une protection. Bensoussan se plia en deux sous le choc et fut projeté contre le mur du fond de la station. La trial partit dans un long tête-à-queue, se redressa *in extremis* et patina un instant avant de redémarrer.

Dans cet instant, Lambert se précipita vers eux en hurlant. Il tenait toujours la pompe à la main. Il la brandit comme une arme et appuya sur la gâchette comme il l'aurait fait d'une détente de pistolet. Un jet d'essence aspergea les deux motards dont l'engin parut décoller.

Ne pas jouer avec le feu, c'est bien connu. Une étincelle, et c'est l'apocalypse. Ce fut l'apocalypse. Jaillissant de la station-service, il leur avait suffi de frôler la carrosserie d'une voiture en stationnement pour susciter l'étincelle fatale.

Tout de suite, ce fut le brasier, la torche. La moto traversa tout droit le carrefour et sans dévier d'un mètre, sans ralentir un instant, s'enfonça de plein fouet dans une voiture garée en face. Le choc fut si violent que la roue avant s'encastra dans la carrosserie, maintenant l'engin debout. Les flammes montaient, hautes et claires au centre du brasier. Le conducteur tenait le guidon à pleines mains. Il ne bougeait plus. Il ne bougerait plus jamais.

Son compagnon, lui, s'était jeté de la moto dès la première flamme et s'était roulé sur la chaussée pour éteindre les premières flammes, arrachant son blouson avant de s'enfuir en courant. Des fenêtres s'ouvraient. Puis il y eut des cris, des appels, une lointaine sirène de police.

Mais Lambert ne voyait rien, n'entendait rien, rien

d'autre que son petit métèque brisé qui reposait entre ses bras. Il offrait un visage enfin reposé, enfin détendu, et son regard avait une sérénité inconnue. *But.* Le repos, enfin. Finie la course, finie la peur. Finie la vie. Sa tête avait pris tout le choc. Du sang coulait du nez et des oreilles. Il balbutia :

— Y m'attendaient...

— Cause pas... bouge pas.

Les mots sont lourds comme des pavés dans ces cas-là. Bensoussan sourit. Mourir dans les bras du Bouddha, c'est le sort des justes, des purs, des innocents. Ce troisième dieu, c'était le bon. Des flammes joyeuses ne dansaient-elles pas dans ses yeux ? Tout était ouaté, même le son des hautbois, même le son des musettes.

Il essayait de parler, de dire quelque chose.

Lambert se pencha.

— Tchao... pantin.

La Main de Bensoussan, cette Main qui tirait les ficelles, venait de larguer le dernier fil. Enfin libérée, elle devait flotter quelque part dans la nuit, quelque part dans le néant, déjà peut-être à la recherche d'une nouvelle victime.

Le bruit de la sirène des pompiers tira Lambert de sa torpeur. Il prit conscience qu'il tenait serré contre lui le corps désormais inutile de Bensoussan. Une voiture de police arriva à son tour. Avec précaution, comme s'il avait peur de lui faire mal, Lambert reposa Bensoussan sur le sol et se releva enfin.

Et cette vieille douleur qu'il croyait avoir tuée, noyée mille fois, cette vieille douleur ne se révéla qu'engourdie. Elle se dressa soudain en lui, s'amplifia, s'épanouit, l'envahit au point qu'il crut étouffer. Des larmes inattendues, des larmes libératrices, des larmes trop longtemps contenues noyèrent alors le carrefour et ses occupants.

— Monsieur... s'il vous plaît ?

Depuis combien de temps était-il là ? Combien s'étaient écoulés de siècles, d'années-lumières ?

— Monsieur... s'il vous plaît ?

Sortir de cette torpeur, refaire le point, réajuster la vie, la reprendre dans le collimateur, cette salope. C'était un flic, un brigadier. Le carrefour avait retrouvé son obscurité habituelle. Des curieux traînaient çà et là, aux fenêtres, sur les trottoirs. Les pompiers avaient fini de s'activer. Sous la neige carbonique, le motard brûlé ressemblait à un bonhomme de neige. Un autre policier venait de découvrir le corps de Bensoussan dans la pénombre de la station-service. De sa voiture, un autre appelait une ambulance. Et cette odeur de cramé qui se mêlait à la nuit.

— Qu'est-ce qui s'est passé ? demanda le brigadier.

— Je sais pas... j'en sais rien.

Le flic qui avait découvert Bensoussan s'approcha de son supérieur. Montrant le corps, il dit :

— Je crois qu'il est mort.

— Vous le connaissiez ? s'informa le brigadier.

Lambert fit « non » de la tête. Pardon, petit métèque. Je ne te renie pas. Dors, petit frère, dors tranquille. Je suis là. Je veille.

Tchao, pantin.

Tchao, fils.

Deuxième partie

Lambert's blues

On se réveille, puis on se dit : *Truc est mort.* Ça ne veut rien dire. Alors, on se répète : *Truc est mort.* Bizarre, comme les mots peuvent être parfois dépourvus de signification. Heureusement. Sinon comment parler pour ne rien dire ?

Bensoussan est mort.

Lambert se leva comme à l'ordinaire au milieu de l'après-midi. Comme à l'ordinaire, il avait la bouche en carton, les jambes de bois et le cerveau en décomposition. Sans doute pour ça que ces trois mots restaient abstraits, irréels. Tétanisé par le rhum, tétanisé par le sommeil, Lambert allait et venait comme un zombie entre la cuisine et la salle à manger. Tandis que son cerveau flottait dans les limbes, son corps accomplissait les gestes du quotidien, versant l'eau chaude sur le café soluble, éteignant le gaz, allumant la radio, tirant le rideau.

Sur la table, il y avait une facture de l'E.D.F. Penser à la payer. Ah… acheter aussi du sucre. Puis renouveler le stock de patates. Chiantes, ces patates. De la purée en poudre, ça serait pas mal, non ?

Bensoussan est mort.

Hein ? Qui a dit ça, bon Dieu ? C'était sa deuxième

tasse de café, la fatale seconde tasse, celle qui remet tout en place, les rouages, les mécanismes, la réalité.

Passer dans le cabinet de toilette. Faire couler l'eau. Froide. Oh, putain. Lambert crut s'évanouir tandis que la pomme de douche l'enveloppait d'un jet glacé. Bensoussan est mort. Bon, d'accord. Et puis ? Il l'a bien cherché, non ? N'allait tout de même pas s'attendrir sur le sort d'un petit dealer.

A poil devant la glace, il n'était pas jojo. Voilà, c'était l'expression : il n'était pas jojo. Ça s'alourdissait méchamment tout autour de la ceinture. Sa bouée de sauvetage, ses poignées d'amour. Au fait, depuis combien de temps n'avait-il pas tiré sa crampe ? Car d'amour, il n'en était point question. Juste pour l'hygiène, seulement pour l'hygiène. Une vieille copine pute avec laquelle il bouffait de temps à autre une paire de francforts.

Lui, le sportif. Avec ces muscles qui se relâchaient, ce début de bide, ces épaules enveloppées. La mauvaise graisse. Le mauvais alcool. Qu'est-ce qu'il avait dit, le toubib ? Triglycérides, ou quelque chose comme ça. Et merde.

Heureusement, réenveloppé dans ses fringues du quotidien, il pouvait faire illusion, s'imaginer plus svelte, muscles plus durs, abdominaux d'acier. De toute façon, il s'en foutait.

Bensoussan est mort.

Il s'arrêta soudain au milieu de la salle à manger. Il faisait jour, c'était pas encore grave. Mais la nuit allait tomber, car la nuit finit toujours par tomber. Et là, dans son puits sans fond, dans le néant de son bureau, quelque chose alors surgirait, une chose contre laquelle il ne pourrait rien : l'attente.

Il descendit.

C'est vrai qu'il faisait beau et chaud, que du sang vif et jeune coulait dans les artères de la ville. Lambert ferma les yeux. Il s'était petit à petit déshabitué de la lumière du jour. Il l'évitait même. Alors? Qu'est-ce qu'il foutait là, le cul sur son Solex?

Place de la Nation, il se le demandait encore. Comme une bête docile qui sait où se trouve son picotin, le Solex remontait maintenant l'avenue Philippe-Auguste. Lambert laissait faire. Ça ne le concernait pas. Cet engin n'en faisait qu'à sa tête.

Il passa devant la station-service, sa station, sans même un regard. Au carrefour, toute trace du feu d'artifice de la nuit avait disparu. Seule restait sur le sol une plaque noire et grise. Y en avait un qui s'en était sorti. Ne pas l'oublier.

Cité du Labyrinthe, le linge pendait aux fenêtres comme des drapeaux en berne. Du moins, Lambert se plut à l'imaginer. En fait, il était sans illusion. Passé un certain seuil de pauvreté, de désespérance, personne ne pleure plus personne. Un qui meurt, c'est une bouche de moins à nourrir. Ça, c'était le progrès : ne plus s'attendrir sur l'autre. Du temps perdu, inutile.

Tiens, la porte était encore entrouverte. Lambert la poussa et entra. Se trouva con. Au milieu de la pièce, un livre à la main, un type le regardait.

— Vous cherchez quelque chose? demanda le type.

— Bensoussan... c'est ici?

— C'est ici, confirma l'inconnu.

Il referma le livre et alla le remettre dans la bibliothèque, là où il l'avait pris. La trentaine, genre jeune cadre qui aurait troqué son trois-pièces en flanelle contre une panoplie de loubard. Mais l'œil ne trompait pas. Un flic, se dit Lambert. Il avait raison. Le type sortait justement une plaque en disant :

— Officier de police Bauer. Vous êtes un ami de Bensoussan ?

— Non.

Il lui expliqua qui il était et dans quelles circonstances il avait assisté à la mort de Bensoussan. Bauer hochait la tête.

— Mais vous ne le connaissiez pas ?

— Non.

Un point d'interrogation s'était installé dans le regard du flic. Ça devait être son genre : interroger muettement. Tout dans le regard, on verra qui craquera le premier. Lambert n'avait pas envie d'engager une partie de bras de fer. Il dit :

— Y avait du sang par terre. Je suis allé laver et j'ai trouvé ça.

Il avait sorti son briquet de sa poche et le montrait au policier. Il reprit :

— J'ai pensé que ça ferait plaisir à la famille de le récupérer.

— Il vivait seul.

Bauer examinait le briquet. Un vieux cadeau plaqué or du temps où Lambert vivait dans une autre galaxie. Il le fit sauter dans sa main.

— Il avait sûrement dû le piquer... comme tout ça.

D'un geste large, il montrait la bibliothèque. Puis, comme il ne semblait pas savoir quoi faire de l'objet, il le rendit à Lambert.

— Tenez, gardez-le. D'abord rien ne prouve qu'il appartenait à Bensoussan, et puis, si je le ramène au commissariat, va falloir que j'établisse un rapport en dix exemplaires. — Il sourit. — C'est plutôt gentil à vous de vous être dérangé pour...

Bon. Il n'avait pas besoin de préciser sa pensée. Il ne regardait d'ailleurs pas Lambert. Il était fasciné par les livres.

— Qu'est-ce qu'il pouvait bien foutre de tout ça, hein ?

— Il les lisait peut-être.

— Quoi ?

Il semblait sincèrement surpris, Bauer. Apparemment, cette hypothèse-là ne lui était jamais venue à l'esprit. Lambert lui balança ce qu'il retenait depuis un moment :

— Moi, je suis pas raciste.

— Qu'est-ce que vous croyez ? répliqua Bauer en perdant son sourire.

Il prit un livre au hasard dans la bibliothèque et en lut le titre :

— *L'Économie médiévale*. Merde... vous n'allez tout de même pas me dire qu'il s'intéressait à l'économie médiévale ?

— Je sais pas... Je le connaissais pas.

— Vous savez qui c'était... Un petit dealer, un vendeur de came. Même pas vingt ans et déjà dans le circuit... C'était un malin, mais on l'avait repéré... On attendait. Avec ces petits mecs-là, c'est une question de patience. Ils finissent toujours par goûter un jour ou l'autre à leur marchandise. Toujours. Alors là, on les tient.

Il s'arrêta, soudain perplexe, dévisagea Lambert avec une certaine curiosité et dit :

— Au fait... pourquoi je vous raconte tout ça ?

Il remit le *Que sais-je ?* en place et se retourna vers Lambert. Il l'observa de nouveau. De toute évidence, il se méfiait. A sa place, Lambert en aurait fait autant.

— Ça tombe bien que vous soyez là. Je voulais justement vous demander de passer au commissariat.

— Pour quoi faire ?

— Vous avez dit que c'était un accident ?

— Oui.

— Pouvez me le répéter ?

— Je servais de l'essence à ce type, ce Bensoussan. La moto est arrivée comme une bombe, droit sur nous.

— Exprès ?

— Je pourrais pas le dire... Je crois pas... J'ai eu l'impression qu'ils ne pouvaient pas s'arrêter... Mais ce n'est qu'une impression, hein. Tout ça s'est passé si vite.

Voilà que dans son décor, la mort de Bensoussan devenait concrète, palpable, terriblement présente. Satin rouge. Rouge sang. Non. Le sang séché de Bensoussan n'était pas rouge. Il était noir. Il zébrait les coussins, là où Lambert avait dormi. Deux jours, deux jours seulement. Dans ce décor de pute des *twenties* rôdait l'ombre malheureuse du petit métèque. Les coussins bousculés évoquaient les corps emmêlés. La bouteille de punch, séchée à blanc, avait roulé près de la fenêtre.

L'amour et la mort. En quelques heures, Bensoussan avait navigué d'un pôle à l'autre. L'amour et la mort. Perdant sur les deux tableaux, le petit raton. Il avait vécu là, le cul dans le satin, les yeux dans quelque nuage, bleu ou rose. Une soif de vivre, d'être heureux, qui ne s'était pas encore retirée de la pièce. Une vibration de l'air à laquelle, Lambert le savait, il était seul sensible.

Il prit soudain conscience que le flic, Bauer, lui parlait.

— Pour moi, c'est un règlement de comptes.

— Ouais, peut-être... Et le type à la moto, vous l'avez identifié ?

— Oui. Un certain Azema. Ça vous dit quelque chose ?

— Non. Rien du tout.

— Il avait un casier chez nous. Quant à l'autre... il risque de courir un moment. Comment il était ?

— Comme l'autre... Cuir noir et casque.

Pourquoi ne pas lui dire que sur le casque du survivant, un intégral en fibre de verre, s'épanouissait un aigle allemand ? Oui, pourquoi Lambert ? Qu'est-ce qui se passe dans ta petite tête ? Quelle idée tordue vient d'y germer ? Bauer, ça l'aiderait de savoir. Alors ?

Alors, rien. Faut que ça se décante, que tout ce qui tourneboule à l'intérieur se calme un peu, se remette petit à petit en ordre. Alors, je ferai le tri, la part des choses, la part du cœur et celle de la tête.

— Vous n'avez plus besoin de moi ?

— Non, merci. De toute façon, je sais où vous trouver.

Lambert se mit à rire. Le flic aussi a une odeur. Parfum de flic. Ça vous prend à la gorge et ça vous matraque facilement. Parfum de flic. Comment s'en débarrasser ? S'en débarrasse-t-on jamais ?

— Qu'est-ce qui vous fait rire ?

Bauer semblait désarçonné. Et un peu plus méfiant.

— Rien, dit Lambert. C'est personnel.

Sans qu'il y ait de rapport apparent, Bauer dit soudain avec une haine feutrée, soyeuse :

— Ça en fait deux de moins... C'est peu de chose, mais le secteur en sera un peu moins malsain, un peu moins puant.

— Ça pue aussi dans les beaux quartiers.

— Mais ici, c'est mon quartier, mon secteur. J'ai presque l'âge de ceux que je ramasse, merde. Il faut extraire cette saloperie. Vous avez déjà vu quelqu'un qui a cané à la suite d'une overdose ?

— Oui, dit Lambert.

— Alors ? J'ai tort ?

— Non. Mais allez d'abord raser les champs de pavots.

— Chacun à son niveau, chacun sur son terrain. Le mien, c'est ici, et je fais ce que je peux. Ah, oui, merde, je fais ce que je peux. Et c'est pas toujours évident.

— Je ne vous reproche rien.

— Non, non, mais vous êtes comme tout le monde. Dès qu'on parle de répression, vous brandissez le droit à la liberté.

Il observa Lambert un instant, de nouveau perplexe, et finit par ajouter :

— Pourtant, de votre part, ça m'étonne.

— Je vous ferai remarquer que je n'ai rien dit. Et puis, d'abord, pourquoi ça vous étonne ?

— Votre gueule.

— Qu'est-ce qu'elle a ma gueule ?

— Vous allez me trouver un peu schématique... un peu... manichéen.

Il s'était arrêté. Lambert sourit.

— Ça va, vous pouvez continuer. Je sais ce que ça veut dire.

— Je suis peut-être même un peu primaire, reprit Bauer en rougissant, mais j'en suis resté à cette notion enfantine : le monde est partagé entre les gendarmes et les voleurs.

— Et alors ?

— Vous... je vous vois plutôt gendarme.

Odeur, odeur quand tu nous tiens. En d'autres circonstances, Lambert se serait amusé. Il dit :

— Un peu primaire, en effet. Dans votre jeu... il y a bien un arbitre, non ?

— Un arbitre ? C'est comme si vous me demandiez si Dieu existe. Qu'est-ce que vous voulez que je vous réponde ? D'ailleurs, les règles changent tout le temps et, en plus, elles sont truquées.

C'était le flic à problèmes, le flic métaphysique. Les plus chiants. Lambert eut un coup de stress. Il dit :

— En somme... vous jouez un jeu personnel... avec des règles... personnelles ?

— Foutez le camp, dit Bauer sans élever la voix. Vous devenez trop curieux.

Lambert hocha la tête. Une fatigue lui montait des reins, commençait à lui bloquer la nuque. Il fit demi-tour sans hâte sous l'œil attentif de Bauer. Lorsqu'il fut à la porte, le policier dit soudain :

— Vous... vous posez des questions de gendarme.

Lambert haussa les épaules et sortit sans refermer la porte. Il descendit l'escalier pesamment, comme s'il voulait marquer chaque marche de son empreinte alors qu'il n'avait que le cul lourd. Dehors, appuyé au mur, il alluma une cigarette. Un sentiment de malaise, comme lorsqu'on court après une idée fugitive, indiscernable. On croit la tenir, et pfuttt, envolée.

De la frustration, de l'insatisfaction, c'était ça. Il ne s'agissait pas de retrouver quelque chose de perdu, d'égaré, non. C'était le regret de la chose jamais possédée et qui ne pourrait plus jamais l'être. Une tristesse infinie.

Bensoussan était mort et il était trop tard. Trop tard pour les mots, trop tard pour les gestes. Ce petit métèque et son désir éperdu d'amitié, de chaleur. Et lui, tas de viande avachie, écroulé dans son fauteuil, à biberonner, soir après soir. Belle manière de participer, de répondre à la main tendue.

— Vous êtes encore là ?

Bauer l'examinait avec sa curiosité de flic.

— Je pensais à ce que vous m'avez dit.

— Et alors ?

— Je crois qu'il y a une troisième catégorie.

— Laquelle ?

— Les mutants.

Bauer sortit ses cigarettes de sa poche. Il fumait des blondes sophistiquées. Une odeur de luxe se mit à planer dans la ruelle. Ils s'écartèrent pour laisser sortir une locataire de l'immeuble, une femme entre deux âges, entre deux races, entre deux misères. Elle leur jeta un double regard craintif avant de s'éloigner. Bauer se mit à rire.

— Vous me faites rire avec vos mutants. Les mutants, ça n'existe que dans la tête de ceux qui se prennent pour des mutants.

— Les justiciers aussi, dit Lambert.

— Je confirme mon diagnostic, répliqua Bauer après un instant de silence. Vous êtes un gendarme.

Il voulait avoir le dernier mot, et Lambert le lui laissa pour des raisons de sécurité personnelle. Il récupéra son Solex et le poussa jusqu'à la rue de Ménilmontant. Trois coups de pédale suffirent pour le lancer dans Paris. Et dans le *schwartz*.

Le bar existait. Et Lambert en fut tout surpris. Et même perplexe. Il regardait ce bar venu tout droit des délires de Bensoussan. Jusqu'ici, confusément, il avait décidé que les affabulations de Bensoussan étaient puisées au plus profond de ses fantasmes.

Est-ce que ça pouvait exister *réellement,* des Toni, des Lola-la-dingue, des Kawa de rêve, des... quel nom il avait cité, déjà ? Un type... un type qui tenait... ah oui... une galerie de tableaux. Le grossiste qui s'appelait... un nom... un drôle de nom, un nom pas franchement français... Ah, oui... Dickie... Dickie. Un Dickie... marchand de tableaux et trafiquant de drogue... franchement... est-ce que ça pouvait exister ailleurs que dans la cervelle enfiévrée d'un Bensoussan ?

Mais le bar existait. Il était là, sous les yeux de Lambert, derrière deux motos arrimées. Et l'une d'entre elles était une Kawa 1000. Alors ? Délire bensoussanien ou scepticisme lambertien ?

Il en était encore à se le demander lorsqu'il s'aperçut qu'il venait d'entrer dans le bar. Derrière le comptoir, il y avait un type, la trentaine, beau mec, froid comme un glaçon.

Ça pouvait être un Yougo. Ça pouvait être un Toni.

La nuit finissait de s'effilocher et l'avenue s'enveloppait de tulle bleu et rose. Paris mouillé du petit matin. Paris transparent de l'aube. Une infime vibration de l'air, comme si, dans la nuit, tout avait été lavé, purifié.

Le plus dur était fait.

Lambert s'était arraché de cette nuit, heure après heure, gorgeon après gorgeon. Plus dense que jamais, il finissait sa caisse avec des doigts gonflés d'alcool. Une voiture s'arrêta au ras de la vitrine. Un homme en sortit. Le gérant de la station.

Inquiet après le rodéo de la nuit précédente. Les cuves étaient pleines du matin. Des milliers de litres. De quoi embraser tout le quartier. En avait fait des rêves de feu, des cauchemars enfumés. Et secoué à matines par le spectre de la loi des séries.

Tout allait bien. Le carrefour était à sa place et la station-service autre chose qu'un cratère fumant et désolé. A la limite, il se sentit presque ridicule. Surtout que l'œil épais de Lambert était posé sur lui.

Il prit le rouleau de caisse pour se donner une contenance et le parcourut sans le lire. Etre aimable, dire quelque chose à cet alcoolo silencieux. Ce fut l'alcoolo qui parla le premier.

— J'ai un petit problème de reins. J'aimerais prendre deux ou trois jours pour m'en occuper.

Le moyen de dire non ? Ce type n'était pas exigeant. Semblait même se foutre de tout. Ne lisait pas, pas même *L'Equipe*. Causait à peine. Passait juste son temps à biberonner. Bon. Puis il y avait les lois sociales. Alors ? Okay.

La selle d'un Solex n'est pas l'endroit rêvé pour échanger des considérations avec soi-même. Lambert attendit donc d'être chez lui pour entamer un dialogue intime. Douche et Nescafé. La relaxe, les doigts de pied à l'air, l'œil enfoncé dans une crevasse du plafond.

— Salut, Toni.

C'est ce qu'avait dit un jeune loulou en pénétrant dans le bar. Et voilà que Toni avait pris une réalité soudaine, qu'il s'était mis à exister *vraiment*, en chair et en os, être complexe, mystérieux, inquiétant, page blanche que Lambert allait devoir remplir ligne après ligne.

Toni. Le Croate cruel. Le tueur par procuration.

Un fond d'accent qui dénotait son origine étrangère. Toni lui avait demandé ce qu'il voulait. Aimable, mais attentif. Les Toni sont toujours attentifs. C'est à ça qu'ils doivent leur survie. Il ne visait pas Lambert, non. C'était l'inconnu qui se trouvait dans le collimateur. Et qui dit inconnu dit danger. Règle numéro 1 de tous les Toni.

— Un pastis.

Clientèle jeune, un peu loubarde, à prédominance méditerranéenne. Des accents, des expressions qui ne trompaient pas, qui fleuraient bon le Bab-el-Oued de jadis. Pourtant, aucun d'entre eux ne devait être né au-delà de la grande ceinture de Paris. Deuxième génération, fils d'immigrés, de pieds-noirs et de déracinés en tout genre, orphelins de toute identité. C'était les marginaux, les mutants exotiques de systèmes qui refusaient de les reconnaître ou de se reconnaître en eux, et qu'ils rejetaient donc avec toute la violence de leur jeunesse.

Bensoussan avait été l'un d'eux.

Par deux fois, Lambert avait surpris le regard de Toni posé sur lui. Il avait des yeux curieux, le Croate, des yeux ardoise, opaques, sans iris. Il avait souri. Plus tard, Lambert avait remis ça. Le temps passant, le Yougo semblait l'observer plus fréquemment.

Lambert s'en foutait. Ça lui était arrivé si souvent. Jadis. En d'autres ères. Il savait alors se momifier, se fondre dans les lieux, s'intégrer au décor, monolithique, minéral, tellement incrusté, tellement *normal* qu'on finissait par l'oublier.

Trois heures, il était resté ainsi. Trois heures. Un pastis à l'heure. Consommation moyenne, vitesse de croisière. Il tenait à garder la tête froide et l'œil frais. Il ne voulait pas rater l'entrée d'un casque sur lequel se serait déployé l'aigle allemand.

Mais il n'y avait point eu d'aigle allemand.

Lambert se laissa couler dans un sommeil sans sons et sans images, non sans avoir recommandé à son inconscient de chercher pour lui une solution acceptable. Car Lambert était en suspens. Il se balançait entre la haine et l'indifférence, tiraillé tantôt par l'une, tantôt par l'autre. La tentation de la bouteille, de l'oubli. La mémoire du petit raton et...

Quatre heures de l'après-midi. La crevasse du plafond n'avait pas évolué. Pour la première fois,

Lambert prit concrètement conscience de son existence et se prit à la détester.

Il se leva. Le froid du lino. Les battements de cœur de l'organisme agressé. Ça craque, ça coince, ça rechigne. Faudrait tout dégripper, tout lubrifier, tout réviser. Pourquoi pas changer certaines pièces ? Le cerveau, par exemple.

La bouteille de rhum était à sa place privilégiée, sur la table, au centre géographique de l'appartement. Accessible de partout en cas d'urgence. Y avait-il urgence ? Planté devant la bouteille, Lambert se le demandait. C'est alors que son inconscient lui tapa sur l'épaule et lui rendit compte de sa mission. Lui souffla un nom à l'oreille.

Lola-la-dingue.

Bonne suggestion. Lambert se détourna de son jus de canne fermenté et enfila ses chaussettes.

La place de la République, c'est un drôle de lieu, un territoire à plusieurs dimensions. S'y croisent et s'y superposent des gens qui ne se rencontrent pas forcément. Quel rapport entre les lève-tôt, ceux qui marnent tous azimuts, et les amateurs de courtines, réveillés à midi et qui viennent s'engouffrer dans les cars, *Paris-Turf* dans la poche ? Entre les touristes made in n'importe où qui jaillissent, eux, de leurs paquebots panoramiques pour s'enfiler dans les grands hôtels de tourisme et les mémés qui prennent leur thé ou leur chocolat chaud au *Thermomètre*, exotiques elles aussi tant elles semblent appartenir à une époque révolue ? Quels rapports entre tous ceux-là et ces poignées de loubards, souvent plus méchants d'apparence que de caractère ?

La place de la République n'est pas un lieu magique. Ce n'est pas l'Agartha, la Jérusalem

Céleste, il s'en faut. Aucune symbolique, ni ronde, ni carrée, ni triangulaire. Sans intérêt pour les occultistes, kabbalistes ou autres exégètes de l'insolite ou de l'inconnu. Des magasins, parfois merdiques, la bordent, une caserne, monstrueuse comme toutes les casernes, leur fait face, et au centre de tout ça, une pâtisserie en bronze, statue monstrueuse elle aussi, se dresse à la gloire de la République et en porte d'ailleurs le nom.

On ne se donne pas rendez-vous place de la République. On y passe, on s'y croise, mais il ne viendrait à l'idée de personne d'en faire un lieu de flânerie ou de détente. Et ce ne sont pas les quelques manèges qui s'y installent de temps à autre qui peuvent y changer quelque chose.

C'était pourtant là, au pied de la statue en question, que se réunissait, aux beaux jours, l'équipe de speedés, banane en tête, au sein de laquelle s'épanouissait Lola-la-dingue.

Lambert avait pris le métro. Ligne directe. Sueur humaine. Effluves garantis. A la seconde station, Lambert regrettait déjà son Solex. Arrivé à la République, il explora d'abord les quais des différentes lignes. Personne. L'équipe de tordus devait être à la surface, en train de charrier quelques piétons fourvoyés.

Ils y étaient. De son terre-plein à lui, il resta un moment à regarder s'agiter ces petites bêtes en santiags, jusqu'à ce que du lot émerge une fleur orange et vert. Lola-la-dingue? En tout cas, il y avait là-bas, dans un autre territoire, dans un autre monde, une étrange créature qui correspondait à la description de Bensoussan. Enveloppée de cuir noir des pieds à la tête, bardée de chaînes, de badges et autres gris-gris, elle se tenait bien droite sur ses longues jambes. Et Lambert avait du mal à y croire.

Il laissa passer quelques flots de voitures avant de traverser. Il marqua encore un temps d'arrêt, examinant le groupe de plus près. Ça déconnait. Ça déconnait à ras des pâquerettes. Dans la mesure où un groupe est toujours ramené au niveau du plus con, il y avait peu de chance pour que celui-ci refasse un jour le monde.

L'espace d'un instant, le regard de la fille aux cheveux vert et orange croisa celui de Lambert. Ça lui glissa dessus comme un bout de torchon mouillé et glacé. Il décida enfin de s'approcher.

— Lola ?

Il n'avait pas osé ajouter : la dingue. Elle se retourna avec une lenteur calculée. Elle en faisait des tonnes. L'œil lourd, la bouche en forme de moue. Autour d'elle, les ravagés examinaient Lambert avec une curiosité insolente.

— Lola ? répéta Lambert qui n'y croyait toujours pas.

— Qu'est-ce que vous lui voulez ?

Elle cherchait à gagner du temps afin de pouvoir l'évaluer, le soupeser, le situer dans l'échelle des risques. La troisième personne comme ultime défense. Lambert sentit le coup de pompe s'approcher à grands pas. Faillit décrocher. Se traîna dans la boue. *C'était Lola-la-dingue.* Il venait de le décider.

— Je veux vous parler.

Un petit rocker, épais comme un hareng, avec des santiags à bout d'argent, crut malin de dire :

— Le monsieur y veut te parler.

Il y eut deux ou trois rires. Ça pouvait être un flic, mais tant qu'il n'avait pas sorti d'insigne, on pouvait s'offrir le luxe de le charrier sans risque. Lola n'apprécia pas, mais elle se méfiait de cet inconnu. Elle se contenta de dire :

— Me parler de quoi ?

— De Bensoussan.

Ça jeta un froid. Un mec sortit ses cigarettes. Son voisin s'empressa de lui donner du feu. Un troisième se recoiffait. Les autres découvrirent un intérêt soudain à la circulation automobile. Seule, Lola ne quittait pas Lambert des yeux. Autant par défi que pour le sonder, elle demanda :

— Qui c'est Bensoussan ?

L'âge, la tronche, les fringues. Ça puait le flic. Le flic ringard, le flic à petits coups, le flic à tocards, à voleurs d'oranges, de 45 tours, de B.D. et de Mobs pourries. Le style vicelard, hargneux, sangsue qui te pompe jusqu'à l'os, à sec, à mort. La peau de vache sans couture qui se venge de ses propres échecs sur ceux des autres.

Lola pensait ça et Lambert savait qu'elle pensait ça. Ils étaient quittes. Cela l'autorisa à la tutoyer. La touche psychologique.

— Place de la Nation, avant-hier soir... Une Kawa volée et un contrôle de police... Ça ne te dit rien ?

La maxi-merde. D'où il sortait, ce troisième couteau ? Comment il en était arrivé là ? Y avait qu'une réponse : ce pauvre petit con de Bensoussan, ce sale petit raton de merde l'avait balancée. Le spectre de la répression commença à faire des ravages au sein des loulous.

Lola-la-dingue flippait. Elle voyait les méchantes petites roues de l'engrenage se tendre vers ses doigts aux ongles sanglants. Prêtes à la digérer tout entière. Un dernier défi quand même :

— Fallait que je lui demande sa carte grise ?

Ça ne fit rire personne dans son entourage. Provoquer un flic, c'est engager un combat sans espoir et se retrouver au trou sous des motifs aussi divers que fallacieux. L'un d'eux qu'on appelait Mickey crut bon de dire :

— Elle savait pas, m'sieu. Parole.

Lola estima que ce n'était tout de même pas une raison pour se transformer en paillasson. Sans même tourner la tête, elle dit :

— Ta gueule, Mickey.

Puis à Lambert :

— Vous voulez savoir quoi ?

Lambert jeta un coup d'œil à la fine équipe, dit :

— Viens. On va parler de ça ailleurs.

Ça devait correspondre aux désirs de Lola, car elle ne fit aucune objection. L'équipe attendit qu'ils soient à quelque distance pour commencer à émettre des commentaires aussi désobligeants pour Lambert que pour Lola.

Lambert emmena Lola au *Thermomètre*. Ils s'installèrent à l'intérieur, dans un coin à peu près désert. Elle commanda une menthe à l'eau, lui un pastis. Ils s'observaient par-dessus leurs verres, s'évaluant, se soupesant, ennemis de race.

Quelque chose dérangeait Lambert. Il n'arrivait pas à faire coïncider le visage de cette Lola avec celui de la Lola de Bensoussan. Malgré le regard averti, il y avait encore quelque grâce enfantine dans ce visage. Peut-être à cause de la courbe de la joue, de ce duvet léger qui l'ombrait encore. Peut-être parce que derrière le rideau glacé de ce regard flottaient encore des rêves inassouvis, des désirs d'enfant. Soudain, elle devint pour lui femme, femelle. Il se rappela les coussins épars chez Bensoussan. Il tenta de l'imaginer à poil, gémissant sous les coups de boutoir du sexe en folie de Bensoussan. Au fait, circoncis, son petit métèque ? Il ne se rappelait plus bien dans laquelle des deux religions on procédait à cette opération. Dans les deux, non ? Et puis, furieux soudain d'avoir pareillement dérapé.

Elle, elle regardait ce mec silencieux, avec ce regard complètement transparent qu'elle n'arrivait pas à qualifier. Dingue ? Non. Sadique ? Pas plus. Alors quoi ? Un regard d'ailleurs, comme ce mec qu'elle avait vu un jour au *Rex* dans un film fantastique. Un zombie. Un mort-vivant. Ça voit tout et ça voit rien, et ça vous fout les chocottes en moins de deux. Alors, il parle, ce con ?

Ce fut elle qui dit :

— Alors ? Vous l'avez agrafé ?

— Qui ?

— Ben... Bensoussan.

— Donc, tu le connais ?

Bizarre. C'était Lola, la mythique Lola-la-dingue, qui restituait à Bensoussan sa réalité. Ils existaient donc, tous ces paumés de la nuit. Lola, Toni, Rollo. Et puis aussi ce type au casque frappé de l'aigle allemand. Lambert eut un léger vertige. D'ordinaire, à cette heure-là, il dormait encore. Une sensation irréelle, flottante, qui lui rappela ces moments éthyliques et privilégiés où la réalité commençait à se dédoubler. Il faillit toucher Lola pour se convaincre qu'elle était bien là. Mais elle parlait :

— Je pouvais pas savoir qu'il l'avait fauchée, cette moto, moi.

— C'était pourtant pas la même. Ça t'a pas

étonnée de le voir un jour avec une 1000 un autre avec une 650 ?

Ce petit connard s'était vraiment mis à table. Qu'est-ce qu'il avait bien pu raconter encore ? Qu'il se l'était faite, ça ne faisait aucun doute. Les mecs sont jamais en retard pour se vanter de pareils exploits. Elle examina Lambert pour savoir jusqu'où il savait. Mais pêcher quelque chose dans ce regard transparent. Elle redemanda :

— Vous l'avez agrafé ?

Elle le prenait bien pour un flic. Ça ne le surprenait pas. Il soupira. Cette fois, ça l'emmerdait, ça l'emmerdait profondément. Et ça l'emmerdait encore plus de se rendre compte que ça l'emmerdait. Re-soupir. Branchons l'électrochoc.

— Bensoussan est mort.

Elle prit vraiment le coup dans les yeux. Tellement pâle que sa bouche en devint encore plus sanglante. Elle avait ouvert son blouson. Ses seins déformaient l'inscription du tee-shirt. *Mad Max*. Symbole de violence. Normal. Il la vit soudain à poil dans le satin rouge et mauve. Merde.

— Qu'est-ce qui lui est arrivé ? finit-elle par demander. Vous l'avez buté ?

— Non, soupira-t-il. Ce n'est pas moi qui l'ai descendu.

Il hésita et ajouta :

— Et encore moins la police.

Elle ne saisit pas la nuance. Pensait à tout autre chose. A se sortir de ce merdier. Tout ça pour ce petit raton qu'elle n'avait vu que deux fois. Putain. Elle dit soudain :

— Je le connaissais pas, moi. Je l'ai tout juste vu deux fois.

— T'as pourtant couché avec lui ?

Qu'est-ce que ça pouvait bien lui foutre ? L'ombre d'un coussin mauve gardant la forme amollie des reins de Lola.

Elle se mordait la lèvre. Y savait tout ou il allait à la pêche ? D'abord, il avait parlé quand, Bensoussan ? Avant de mourir ? Dans son délire ? Ouais.

— C'est pas vrai.

— Te fatigue pas. Je peux te dire où et quand. Et même ce que vous avez mangé et bu avant.

Ça ne tenait pas debout. Est-ce qu'on donne de pareils détails à un poulet ? A un pote, oui, mais à un poulet ? Il dit :

— Punch... galettes Saint-Michel...

Sadique. Malade. Frustré. Ça devait l'émoustiller. Toute agressivité retrouvée, elle lança :

— Et après ? C'est pas défendu par la loi, non ?

— Non, dit seulement Lambert.

Elle ne comprenait rien à cet engin qui buvait son pastis à petites gorgées. Malaise. La pénombre du bistrot. Et puis ce mec soudainement glauque, soudainement inquiétant. Drôle de flic. Un cinglé ? Mais qu'est-ce qu'un cinglé aurait à faire avec Bensoussan ? Ou bien c'était lui le tueur et alors...

Angoisse. Dérapage dans la fiction, la B.D., le polar. Le tueur aux yeux pâles, l'assassin lubrique, l'étrangleur silencieux. M. le Maudit. Elle avait vu ça toute gamine à la télé. Allait lui faire le coup du ballon ? Lui acheter des sucettes ?

— Tu sais de quoi il vivait Bensoussan ?

Bonne question ça, rassurante. Question de flic. On quitte Lang, on revient à Simenon. Si je sais de quoi vivait Bensoussan, commissaire Maigret ?

— Il m'a dit qu'il était le neveu de Bensoussan, le roi du couscous.

— Et tu l'as cru ?

— Fallait pas ?

— Non, fallait pas, dit-il d'un ton fatigué. Il fourguait de la drogue.

C'était complet. Manquait que ça au portrait. Ce taré racontait n'importe quoi, piquait des motos, cognait des flics. Et en plus c'était un dealer. Lui. Avec son allure de serpillière à moitié sèche. A qui se fier, *madone ?* A qui se fier ?

— Je savais pas, fit-elle très vite. Je savais rien du tout, moi. J'ai jamais touché à ça. Parole.

Quelque chose s'était mis à flotter dans son regard. Une angoisse enfantine, animale. Il posa sa main sur la sienne mais elle la retira vivement. Ravala le chapelet d'injures qui lui montait aux lèvres. Danger. Il avait tous les pouvoirs. Danger.

— Donc tu ne savais rien de lui ?

— Rien du tout. Que dalle. On s'est pas vus trois heures en tout. Tout ce que je sais, c'est qu'avec la tronche qu'il avait, je me méfiais. Le neveu du roi du couscous. Ce sale petit…

Elle se tut soudain. Dans son esprit, la mort de Bensoussan venait de s'imposer, concrète. Elle frissonna, et de peur que Lambert ne voie ses mains trembler, elle les referma sur son verre, farouche, bouclée à double tour, comme si elle craignait quelque intrusion, quelque viol. Elle avait couché avec lui. Ça n'avait pas été délirant. Un petit plaisir confus, perdu dans la brume et les vapeurs du punch. Mais ils avaient été nus, corps contre corps. Et il vivait alors. Pauvre petit mec.

Lambert l'observait, mécontent. Il prit le ticket et

sortit de la monnaie de sa poche. Lola évacua Bensoussan, décoinça ses mains et revint à Lambert qui alignait ses pièces. Allait se passer quoi maintenant ? Il l'embarquait ? La convoquait ? Drôle de flic tout de même. Quelque chose ne collait pas quelque part.

Lambert se leva.

— C'est tout ? demanda Lola.

Il ne répondit même pas. Le chien. Malaise grandissant. Sensation étrange. Il s'éloignait, se retournait et, de la porte, posait son drôle de regard sur elle. Pour la photographier ? Son œil avait autant de sentiment qu'un objectif.

Elle se trompait. Des sentiments agitaient Lambert. Divers et contradictoires. L'impuissance, la frustration, la douleur. Plus quelque chose de complexe, de pas net, d'ambigu, et pourquoi pas, d'inavouable. Quelque chose couleur de satin rouge.

Lambert décida de marcher. Longtemps que ça ne lui était pas arrivé. Flotter dans la foule, dériver au fil des trottoirs, voguer d'un carrefour l'autre. Arrivé place Voltaire, il n'avait résolu aucun problème. Pire. Il n'avait même pas su les formuler, ses problèmes.

Par contre, il en avait plein les pattes. Alors, il se jeta dans le métro. Direction Nation. La piaule. L'isoloir. Le silence. La paix. Et reine indispensable de cette paix, trônant sur la table : la bouteille, la boutanche, prête à s'accoupler avec lui.

Ce programme fut presque respecté à la lettre. Sauf qu'à la troisième gorgée de rhum, on sonna à la porte. Lambert ne bougea pas. Il n'attendait personne. Il n'attendait jamais personne. Alors, ceux qu'il n'attendait pas pouvaient aller se faire foutre.

Mais ça sonnait toujours. Pas bientôt fini, cette putain de sonnette ? Et en plus, on cognait dans la porte. Nom de Dieu, on allait voir ce qu'on allait voir. Sans même lâcher son litron, il se précipita à la porte, l'ouvrit en l'arrachant à moitié de ses gonds.

Resta sans voix.

— Flic, hein ? hurlait Lola-la-dingue. Flic, mon cul, oui !

Jouant M. le Maudit à l'envers, c'était Lola qui avait suivi Lambert. Ce flic en savait *trop*. Pas normal, ça. Alors, la filature jusqu'à son appart, et la découverte grâce aux voisins. Pompiste. Il n'était que pompiste. Pourriture, va. Elle se rappelait sa trouille dans l'ombre du bistrot. D'où il sortait, ce débris ? Qu'est-ce qu'il cherchait ? Et elle, comme une conne, incapable de contrôler ses impulsions, le doigt sur la sonnette, déjà en train d'appuyer, prête à balancer sa phrase hâtivement préparée.

— Entre, dit Lambert sans s'émouvoir. Pas la peine d'en faire profiter tous les voisins.

Elle hésita. Les glandes devant ce type à moitié mangé par l'ombre du couloir. Ça servait à quoi tout ça ? Pour aller où ? Pour s'embarquer dans quelle galère ? Elle avait foncé comme ça, sans réfléchir, comme d'habitude.

— Alors ? T'as peur de te faire violer ?

Elle ne savait pas résister à un défi. Quelles qu'en fussent les conséquences. Des rouages se mettaient à grincer quelque part dans son cerveau. Une chimie mystérieuse se faisait. Et plouf, elle plongeait, Lola-la-dingue. La bien nommée. Et, en plus, ce toquard semblait se foutre de sa gueule.

Elle entra.

Avant même d'avoir pénétré dans la salle à manger, elle avait décidé que l'intérieur ne pouvait être que merdique, minable, à chier. Elle n'avait pas vraiment tort. D'ailleurs, Lambert lui-même en convenait. Seulement, lui, il s'en foutait. Un pieu pour l'oubli, une table pour la bouteille. *Va bene.*

Elle constata avec une sombre satisfaction qu'elle n'avait pas à se forcer pour prendre l'air dégoûté. Des intérieurs comme celui-ci, elle en connaissait des dizaines. Cousin de celui de ses vieux, beau-frère de celui de ses potes, c'était l'intérieur silencieux, gai comme une tombe, chaleureux comme un bureau de l'A.N.P.E.

Des meubles en agglo, plaqué chêne. Des chaises en fausse paille qui se déglinguaient, une télé poussiéreuse, des fruits en plastique dans une coupe. L'été à perpétuité. Et l'exotisme, le souvenir congés payés. Un héron en verre filé de Vérone, une vue d'Athènes dans un cadre en coquillages. La gerbe. Elle se mit à flipper comme jamais.

— Qu'est-ce que tu fous ici ? demanda Lambert.

— Et toi ? Qu'est-ce que tu foutais là-bas ?

Lambert nota le tutoiement. Chute verticale dans la hiérarchie. Il sourit, presque attendri.

— C'est Bensoussan qui m'intéresse.

— Pourquoi ? Il est mort, tu m'as dit.

Lambert hésita.

— Assieds-toi.

— Pour quoi faire ?

— Oh, merde, fais ce que tu veux.

La bouteille était à portée de sa main. L'envie soudaine, brutale, qui balaie tout. Il sentait, Lambert, qu'il ne supporterait pas cette situation s'il ne s'en envoyait pas un bon coup. Mais comment faire devant une tordue qui juge tout, même ta façon de respirer ? La complicité. La complicité, y avait que ça. Il attrapa le rhum d'un geste qui se voulait naturel et le tendit à Lola :

— T'en veux ?

C'était mal la connaître.

— Poivre-toi tout seul. Je veux savoir ce que t'es venu foutre à la République, pourquoi tu t'es fais passer pour un flic, pourquoi...

— Ça va, ça va. D'abord je ne t'ai jamais dit que j'étais flic.

— Non, mais tu ne m'as pas dit que tu ne l'étais pas.

— Et alors ?

— T'as une gueule de flic. Alors, c'est pas honnête.

Lambert s'envoya une longue gorgée de rhum, sans remords, sans scrupule. Plus qu'un besoin : une nécessité. Elle avait consenti à s'asseoir, à cheval sur une chaise qui grinçait. Elle n'était pas venue prendre le thé. Il s'agissait d'affaires. Et elle attendait que Lambert annonce la couleur.

Mais Lambert venait de déraper sur un coussin de satin mauve. Les cuisses galbées de Lola moulées dans du cuir noir. Les petites fesses rondes et fermes de Lola. Vite, une giclée de rhum. Une bonne petite claque aux mauvaises pensées. Il réenfila la peau de Vieux Lambert et dit :

— Bensoussan était mon ami.

— Ce petit con paumé ?

— Oui. Ce petit con paumé.

Qui se ressemble s'assemble. Lola le garda pour

elle. Pas la peine d'envenimer les choses. Un mec qui picole est capable de tout. Il lui rappelait son oncle, le rital maudit de la famille. Un feignant. *Dixit* la tribu. Ne pensait qu'aux filles. La main câline, baladeuse. Et pas sectaire. Même les petites miches de sa nièce y avaient droit.

Lola cherchait à comprendre. Qu'est-ce qu'il voulait, ce mec ? Subodorait-elle l'idée tordue qui était en train de naître dans son cerveau ? Il buvait encore. Pour se donner du cœur au ventre ? Pour affronter le prochain ouragan ? Lola dit :

— Bon. Bensoussan, moi, c'était pas mon pote. Je le connaissais pas. Il est mort. Paix à son âme. S'il en avait une, c't' Arabe.

— Je veux retrouver celui qui l'a descendu.

— Pour quoi faire ?

Ça, c'était une bonne question. Oui, pour quoi faire, hein, Ducon ? Pour aller lui dire que c'était pas bien ? Pour le balancer aux flics ? Ou pour... ou pour... Quoi au juste ? Méandres tortueux, obscurs. Rhum bien-aimé, viens à la rescousse. Tout est plus lumineux quand on n'y voit plus clair. Dans le brouillard, les impasses n'existent plus.

— Il ne t'a pas emmenée dans un bar ? Chez Toni, rue Saint-Maur ?

— On s'est vus que deux fois, je t'ai dit.

Maintenant qu'il avait recommencé à biberonner, il pouvait continuer sans scrupule. Cela valait mieux, sinon il risquait d'être assez lucide pour renvoyer cette tordue à sa bande d'affreux et aller se pieuter avec sa chère bouteille.

Mais voilà. Un petit démon le chatouillait quelque part, ne lui laissait pas un instant de répit depuis la nuit passée. Il lui chuchotait à l'oreille que le salaud qu'il avait été avait là une occasion en or de payer sa dette, d'apporter enfin quelque paix à ce regard qui le poursuivait. Ce regard... *Ces regards.*

— Tu vas m'aider, fit-il soudain.

— De quoi ?

— Je dis que tu vas m'aider.

— Des clous. J'ai aucune raison de le faire. Tu te démerdes, mec.

Il était debout, de l'autre côté de la table, appuyé sur sa bouteille. Flash. Lola à poil, gémissante. Alors ? Finie, la libido ? L'intimité de la piaule de Bensoussan le poursuivait. L'odeur de l'amour. Là où il avait dormi. Et là où il avait posé sa joue, Lola, elle, avait posé ses fesses.

Qu'est-ce qu'il avait à la mater comme ça ? Ouille, ouille, ouille. L'œil lubrique du tonton. La petite flamme du sexe qui crépite au fond de la pupille. Parler. Parler vite.

— Qu'est-ce que tu cherches, d'abord ?

— Je viens de te le dire : celui qui a tué Bensoussan. C'est un habitué du bar de la rue Saint-Maur. Il a un casque de motard avec un aigle allemand dessus. Un gros type costaud.

— Comment y s'appelle ?

— J'en sais rien. Peut-être Rollo.

Une intuition, comme ça. Son regard était redevenu transparent. Une cascade de rhum y avait éteint le feu. Lola en profita pour se lever avec une lenteur calculée. En pleine parano. Il ne bougea pas. En était-il seulement capable ?

— T'as pas besoin de moi, puisque tu sais où il est ?

— Je veux savoir où il habite.

— Demande au bar. Y doivent savoir.

Se foutait-elle de sa gueule ? Probable. Tous deux savaient pertinemment qu'avec sa tronche, il ne pouvait pas poser une question sans qu'on hurle au poulet. Maintenant qu'elle était debout, Lola se sentait mieux, de taille à se défendre, à lui ajuster l'entrejambe avec ses mexicaines, à lui balancer la chaise sur la figure, à foncer jusqu'à la porte.

Lambert s'envoya une bonne lampée de rhum et reprit avec l'obstination tranquille des ivrognes :

— Tu vas m'aider. Tu vas m'aider à retrouver ce type, te démerder pour savoir où il habite.

— Ça va pas ? C'est un boulot de flic, ça. T'as qu'à le faire, toi, avec ta gueule de flic.

— Justement.

— Merde. Et si j'étais pas venue, il aurait bien fallu que tu t'arranges, non ?

— Oui, mais t'es là.

Elle était là. Hélas. Avec ce mec, tout était normal, naturel. T'aurait fait grimper à la tour Eiffel rien qu'au baratin. Avec son œil mouillé d'alcoolo, sa tronche de saint-bernard qui se serait envoyé son petit tonneau. Mais qu'est-ce qu'elle foutait là, aussi ? Quelle conne. Révolte soudaine.

— Non, je suis plus là, cria-t-elle soudain. Je suis partie. Et salut, tchao, va te noyer. Je suis plus là, espèce de pauvre con, je suis plus là !

Le rhum avait mis le feu aux rétro-fusées et Lambert se mit à rire. Il était sur orbite, il flottait dans l'éther. Dieu. Enfin *Deus ex machina.* Comme s'il lui en racontait une bien bonne, presque sur le ton de la confidence, il confia à Lola :

— Si tu ne m'aides pas, je te balance aux flics.

— Quoi ?

— Je te balance aux flics. Je leur dirai que tu

connaissais Bensoussan, que vous piquiez des motos ensemble, que vous...

Exactement ce qu'il fallait dire pour redonner du tonus à une Lola-la-dingue. Les mains fermées sur le dossier de la chaise, crispées à en blanchir les jointures, elle cria :

— Espèce de gros dégueulasse, espèce de saloperie ambulante, espèce de gros tas de merde... tu peux aller te faire foutre !

Elle balança un coup de pied dans la chaise qui alla voler à l'autre bout de la pièce et recula instinctivement pour éviter quelque torgnole. Esquive qu'elle avait apprise au sein de la tribu familiale.

Mais Lambert n'avait pas bougé. Il riait bêtement, de nouveau appuyé sur sa bouteille, hochant la tête, heureux comme si elle avait pris la décision de l'aider. Elle répéta :

— Va te faire foutre !

Puis fit demi-tour et quitta la pièce à grandes enjambées. La porte claqua. Lambert soupira. Picoler aussi tôt, ça ne lui réussissait pas. La faute de cette petite garce. Et puis cet œil aussi. Cet œil. L'œil était dans la tombe et regardait...

Quoi, au juste ? Que regardait l'œil glacé du pauvre petit Bensoussan ? Les murs poisseux de la morgue ? L'infini ? Dieu ? Assez déconné. Quel paradis d'abord pour Bensoussan ? Les champs fertiles de Yahvé ? Les jardins de félicité d'Allah ? Ou bien les limbes, les limbes obscurs, nauséeux de tous les métèques, de tous les bâtards ? Dieu ne reconnaît que ses propres enfants.

Bien qu'il fût allongé sur un multispire, Lambert tanguait comme sur un *water-bed*. Il parcourut ainsi des mondes impossibles où des monstres malheureux subissaient aussi leur condition inhumaine. Les cieux étaient de bronze, les mers d'airain et les soleils d'acier. Et, comme satellisée, passait une Lola à cheval sur un coussin de satin rouge.

— ... te réveiller oui ou merde ?

Pas sympa, Lola. Ils étaient seuls, à des années-lumières de la terre, reniflant une atmosphère saturée d'acide sulfurique, et elle l'engueulait.

Il ouvrit un œil. La crevasse qu'il voyait n'avait rien de martien. Quant à l'acide sulfurique, il semblait s'être concentré dans son estomac. Une ombre, soudain. Quoi ? Un monstre vert et orange ? Non, ce n'était que la punk survoltée qui le secouait. Lola-la-dingue dans toute sa splendeur.

Qu'est-ce qu'elle foutait là ? *Vade retro.* Des mots, des mots lui tombaient dessus comme des petits cailloux, des mots qui s'organisaient, qui formaient un chapelet, qui... Répète un peu, pour voir ?

— Ton mec, y s'appelle bien Rollo. Il zone dans un squatt de la rue Julien-Lacroix.

Il se redressa enfin. La bouteille était allongée à côté de lui. Elle avait coulé et ça sentait le rhum. Bravo. C'était ce pochard, ce dégueulis, c'était ça qui se donnait des allures de justicier, de redresseur de torts, de donneur de leçons ? Bravo. Bel exemple pour la jeunesse.

La jeunesse, pour l'instant, elle le regardait s'extraire péniblement de son lit, s'asseoir sur le bord, secouer la tête comme si cela suffisait pour en faire tomber la cuite. Zorro est arrivé. Un peu flagada et il pue des pieds.

Ils s'observèrent selon un axe qu'affectionnent les cinéastes. Lui, en contre-plongée, dominé. Elle, en plongée, dominante. Il hocha la tête, l'air de dire :

vas-y, ouvre les vannes, balance-moi ce que tu penses. On ne tire pas sur une ambulance. Encore moins sur un corbillard. Ce mec, il avait déjà onze doigts de pied dans la tombe. Paumé. Pas impressionnant. Paumé-paumé.

Il se leva enfin, et elle fut toute surprise de le voir tenir encore debout. Il ajusta le cabinet de toilette et y pénétra avec une hâte soudaine. Laver tout ça. Chasser ces odeurs. Toute cette merde.

Il se mit tout habillé sous l'eau qu'il fit couler glacée et il resta le temps qu'il fallut, à claquer des dents, à trembler de tous ses membres, jusqu'à ce que s'installe en lui quelque chose qui pouvait passer pour une paix intérieure.

Lorsqu'elle vit ce chien mouillé sortir de la douche, Lola ne put s'empêcher de rire. Lambert s'arrêta, saisi. Ça pouvait donc rire, une petite punk dingue et paumée ? Il existait donc des sentiments, des émotions, sous cette carapace de cuir et de badges ? Elle riait, et son rire sautait d'un mur à l'autre comme ces balles de mousse qui n'arrêtent pas de rebondir dans tous les sens.

Lambert ouvrit les mains en signe d'impuissance. On aurait dit un Auguste victime d'une mauvaise farce du clown blanc. Il passa dans la chambre. La glace de l'armoire lui renvoya son image. Pas terrible, le mec. Il se tourna le dos, se sécha et commença à s'habiller.

Il mit un certain temps à récupérer ce blouson, ce vieux blouson de cuir marron qu'il portait autrefois et qui faisait dire à...

— *Ça te rajeunit.*

L'autre objet, il savait bien où il était. Enveloppé dans un chiffon gras, il roupillait sous la poussière du dessus de l'armoire. Cette chose s'appelait un Colt Magnum, et c'était fait pour tirer des balles. Des balles d'un calibre tel qu'une seule d'entre elles suffisait pour arrêter un homme dans son élan. Un vieux souvenir dont il ne s'était d'ailleurs jamais servi autrement qu'à l'entraînement. Autrefois. Quand... Ta gueule, nostalgie.

Il fourra l'engin dans son blouson. Il se réchauffait petit à petit. A l'intérieur de son crâne, les vibrations s'estompaient. Il pouvait marcher sans y déclencher le bourdon de Notre-Dame. Il retarda le plus qu'il put l'instant de retrouver Lola.

C'était bien inutile. Lola-la-dingue était partie en laissant la porte ouverte. C'est aussi bien comme ça, se dit Lambert avec une parfaite mauvaise foi.

La rue Julien-Lacroix se trouve en plein secteur de rénovation de Belleville. C'est une rue qui perd petit à petit son passé, mais qui n'a pas encore d'avenir. Vieille rue parisienne et populaire, elle se désertifie au rythme des expulsions. Au point qu'entre la rue du Sénégal et la rue Vilin, elle prendrait facilement, à la nuit tombée, des allures de coupe-gorge. Un ancien terrain vague escarpé, hâtivement aménagé en parc, fait face à des immeubles morts, des hôtels aveugles, des bâtisses fantomatiques. Un éclairage avare, une carcasse de voiture abandonnée, l'ombre furtive d'un passant. Reste plus qu'à mouiller les pavés et à dire *Action*.

Jouxtant la cité de Gênes — une inquiétante impasse —, se dresse un des immeubles condamnés. Ce qui le différencie des autres, ce sont d'abord les banderoles accrochées à sa façade. Des inscriptions sanglantes y proclament une solidarité sans faille avec tous les damnés de la terre, toutes races, toutes idéologies confondues. On englobe dans la même haine les bouchers de Varsovie ou de Santiago, les tortionnaires turcs, les gardiens de goulags, aussi bien que les chasseurs, les bourgeois, et les nantis en général. Bref, tous ceux qui ont un pouvoir sur l'homme ou la bête et qui en usent et en abusent.

Squatterisé par une poignée d'Autonomes qui ont essayé d'en faire la tête de pont de leur action politique, il a fini par ramasser dans ses flancs une cour des miracles qui cohabite dans une violence feutrée et une misère noire. Ex-baba-cools déboussolés, junkies faméliques, punks speedés, se croisent, se mélangent, s'interpénètrent, tous sexes confondus, toutes haines confondues, toutes misères confondues. Toutes races aussi. Car des rives lointaines de l'immigration ont aussi échoué là des Africains, du Nord et du Centre, de l'Equateur et de l'Occident.

Ici, la marginalité n'est pas un vain mot. On est en marge de tout. Du progrès, des lois, des conventions, des idéologies. Une révolte qui est devenue un état second. Une habitude... non une hébétude. On parle d'un monde dont on sait qu'il ne se fera plus. On échange d'étranges informations, bizarroïdes, surréalistes. Joints, éther, coco, héro, tout est bon pour décoller, planer, s'arracher à la merde. Tout ce qui est négociable est vendu pour une taffe, pour une sniffe. Ça peut être ce que tu as chouravé à un étalage, dans un supermarché. Ça peut être ton cul dans les cas désespérés. Mais on tient, on s'accroche, on ne veut rien larguer. Tenir. Tenir. Mot d'ordre inconscient et collectif. Tout est foutu. Soit. Mais tenir. Etre là. Tenir jusqu'au dernier jour : celui de l'Apocalypse. Qui ne saurait tarder.

C'était là, au fond de l'arrière-cour, que Rollo s'était établi une tanière. Au début, on avait essayé de le virer, Rollo. Deux ou trois gauchistes attardés qui ne supportaient pas son crâne rasé, sa Croix de Fer en sautoir et ses manières de S.S. Mais Rollo avait trouvé — si l'on peut dire — le joint pour se faire adopter. Il avait de la came et n'en était pas chien.

Rien pour rien, bien sûr. Il se tapait les nénettes qu'il voulait et avait fini par prendre un ascendant certain sur les uns et les autres. Il avait ainsi à sa disposition des gardiens fidèles, des rabatteurs empressés, des sentinelles vigilantes. On ne le haïssait ni ne l'aimait : on ne pouvait plus s'en passer. Que foutait-il là, dans ce squatt pourri, alors qu'il semblait disposer de quelques moyens ? Mystère. Satisfaisait-il son goût du pouvoir, de la domination ? S'offrait-il une main-d'œuvre à bon marché ? Se planquait-il ?

Lambert avait posé son Solex dans l'ombre d'un autre immeuble. Devant le squatt, il hésitait. Le trajet l'avait dessoûlé. Déprime des lendemains de cuite. Ça rimait à quoi, cette expédition nocturne ? T'es mort, Lambert. Tu te souviens : c'est toi qui l'as décidé. Brave petit héros — et bien que se traitant de con —, il entra.

Il débouchait dans l'arrière-cour lorsqu'une ombre se profila à ses côtés. Une silhouette masculine, enveloppée d'une bizarre odeur.

— Qu'est-ce que tu cherches, mec ?

Une voix rauque, habituée à la confidence, à la clandestinité. Il respirait fort, comme un asthmatique. Lambert répondit à mi-voix :

— Je veux voir Rollo.

— Qui c'est Rollo ?

— Me fais pas chier et va lui dire que je viens de la part de Toni.

— C'est quoi ton nom déjà ?

— Mon nom est Personne.

— Tu vas trop au kinos, mec.

Il s'éloigna sans hâte. La cour était humide, peuplée d'ombres. Lambert se traita de pauvre imbécile. De la musique sortait d'une fenêtre dont on avait viré les parpaings qui la muraient. De la flûte. Un chat miaula. Brrr. Tu l'as voulu, non ?

Puis l'autre revint.

— C'est en face. Tu prends le bout de couloir et tu pousses la porte du fond.

Quatre mètres dans le noir absolu, une vague découpe lumineuse. Au-delà, de drôles de bruits. L'âme de Rollo qui soupirait ? Ça fit marrer Lambert et le décida à pousser la porte.

L'antre, la bauge s'étalait sous ses yeux. Ç'avait été quoi, à l'origine, ce local ? Ce qui avait été repeint était pire que ce qui ne l'avait pas été. Pour planquer la lèpre, à moins que ce ne fût pour affirmer des opinions, on avait accroché des machins partout. Fanions, insignes, affiches. Pas de doute, le national-socialisme avait la cote. Un portrait du *Duce* faisait face à la porte. Rital, le Rollo ?

Des effluves bizarres, des senteurs puissantes, odeurs de fauve, d'herbe, mais d'autre chose aussi, une odeur plus subtile, plus insolite encore : une odeur de cramé.

Rollo, le sanglier lubrique, la bête humaine, trônait au milieu de la pièce, assis au bord d'un canapé défoncé. Mais qui n'était pas défoncé dans un endroit pareil ? Le *skinhead* fou avec sa Croix de Fer en sautoir, son tee-shirt tendu à craquer, son poignet de force en cuir noir et ses chaînes massives. Son fut, lui, pendait sur ses mollets parce que... parce que, entre ses jambes écartées, velues et noueuses, une petite négresse au valseur émouvant était agenouillée et, avec conscience et conviction, lui taillait une pipe royale.

L'arrivée de Lambert ne parut pas émouvoir Rollo. Eclair blanc de l'œil de la petite Noire qui s'activa de plus belle. A l'instant crucial, Rollo émit un *oupf!* décompressa et se redressa, s'arrachant aux délices de la fellation.

Tandis que la petite Noire s'essuyait la bouche, Rollo remontait son jean, se zippait et bouclait son ceinturon. Tout en regardant Lambert avec ironie et provocation. C'était une bête massive, sans graisse malgré le volume. Mauvais comme les fauves forcés dans leur tanière. La méchanceté en plus.

— Casse-toi, fit-il à la Noire.

Elle le fit avec une célérité et une soumission telles qu'on pouvait douter que Rollo eût jamais entendu parler de l'abolition de l'esclavage. Lorsque la porte se fut refermée, il dit :

— Une tailleuse de plumes de première. La meilleure du squatt. Question de morphologie, sans doute.

Assez causant, voire aimable. Lambert n'était pas dupe. Ses yeux, un peu trop malins, étaient bourrés de questions. Qui c'est ? D'où il sort ? Qu'est-ce qu'il me veut ? Il se méfiait. Alors, il sourit.

— Alors ? Qu'est-ce que tu veux ?

— Rien.

Lambert marqua un point. Le regard de Rollo parut flotter un instant. Pour se donner une contenance, à moins que ça ne soit pour affirmer sa virilité, il se remonta quelque chose entre les jambes. Il en remettait dans la bête, la brute, le gorille. Tout juste s'il ne s'épluchait pas des bananes pour faire plus vrai. Il alla seulement se chercher une bouteille de jaja, une espèce de rouge dont seule l'étiquette permettait d'affirmer qu'il s'agissait de vin. Il montra la bouteille à Lambert qui secoua négativement la tête. Rollo but, puis :

— C'est Toni qui t'envoie ?

— En quelque sorte.

— Alors, accouche. On va pas passer la nuit là-dessus.

— Bensoussan... ça te dit quelque chose ?

— Non. Rien du tout.

Un ton naturel, pas gêné du tout. Lambert hésita. Sous un casque, un intégral, va reconnaître quelqu'un, toi. Puis soudain, Lambert l'aperçut, le casque. Il ne l'avait pas reconnu tout de suite parce que les flammes en avaient quelque peu atténué les couleurs. L'aigle allemand en avait même pris un sérieux coup.

Rollo suivit le regard de Lambert et quelque chose changea dans l'atmosphère de la pièce. L'air s'électrisa. Les yeux de Rollo n'étaient plus que deux petites billes méfiantes. Il se mit à reculer en disant :

— Qu'est-ce que tu veux ?

— Bouge pas, dit seulement Lambert.

Rollo eut un léger sourire et continua de reculer. Lambert sortit son Magnum. D'un geste tellement naturel que Rollo dut y regarder à deux fois pour se rendre compte qu'on le braquait avec un gros calibre.

— Qu'est-ce qui te prend ?

— Tu connais toujours pas Bensoussan ?

— Je t'ai dit que non. Alors fais pas chier, et remballe ton artillerie.

Tout en surveillant Rollo, Lambert alla jusqu'au casque et le ramena. Il le jeta sur le canapé. Rollo, l'œil innocent, dit :

— Et alors ?

— Qu'est-ce qui lui est arrivé à ton casque ?

— C'est pas mon casque. Ce machin-là, je l'ai acheté dans un lot avec d'autres merdes.

— Ce machin-là, il a cramé il y a deux jours, aspergé d'essence dans une station-service. Et tu sais quelle tête il y avait dessous ?

— Non.

— La tienne, Rollo.

Un flic ? Non. Un flic aurait eu son arme réglementaire et pas ce tromblon. Et puis les flics, c'est comme les chasseurs, ça traque en battue. Jamais seuls. Rollo n'y comprenait plus rien. Ce type connaissait Toni, le connaissait et évoquait cette putain de station-service. Sans parler du petit crouille. En fait, ce type connaissait beaucoup de choses.

— Bon. Qu'est-ce que tu veux ?

— Tu connaissais Bensoussan. T'as même été lui foutre une danse à domicile il y a quelques jours. Accompagné de Toni. Beau travail. Tu l'as vachement arrangé, le petit métèque.

Qui ? Qui lui avait raconté tout ça ? Toni ? Peu probable. Mais se méfier tout de même des trop beaux mecs. C'est toujours vulnérable quelque part. Rollo en eut soudain marre de ce procureur à la noix dont il n'arrivait pas à deviner les motivations.

— Okay, okay. Mais qu'est-ce que ça peut te foutre, tout ça, hein ? C'est pas tes salades ? Bensoussan s'était mal conduit avec nous. On l'a tout juste bousculé pour lui donner une leçon. Tu vas pas nous chier une pendule pour ça, hein ?

— Y a pas que ça, Rollo. T'as remis ça deux jours plus tard. Avec un type qui s'appelait Azema. C'est lui qui a brûlé sur la moto.

Ce type savait-il donc *tout?* Probable, puisqu'il continuait :

— ... parce que, cette fois-ci, c'était plus grave. Il avait paumé deux briques de came que Toni lui avait confiée. Et l'histoire du bistrot, vous ne l'avez pas crue. Vous avez pensé que Bensoussan prenait prétexte de la rafle pour garder les sachets de poudre et les revendre à son seul profit. Pour s'acheter une moto, par exemple. Une Kawa 1000. Comme celle de Toni.

Rollo commençait à avoir chaud, essoufflé comme un coureur qui n'arrive pas à refaire son retard. Ce mec avait une sacrée avance. Mais comment, merde, comment ? Comment savait-il ces choses qui n'avaient pas eu de témoin ?

Un œil de flic. Y a plus qu'à ça qu'on peut les reconnaître maintenant. Pour le reste, totalement intégrés. Plus prolos qu'un prolo, plus junkies qu'un junkie. Ils s'infiltrent partout. Y a plus qu'à l'œil qu'on peut les repérer. Bon. Mais ça n'expliquait pas tout. Il demanda néanmoins :

— T'es un poulet ?

Y a parfois, comme ça, des dingues, des solitaires qui, pour l'avancement ou seulement la gloriole, jouent les *lonesome cow-boy,* les Superman, les Zorro. Les cons, quoi.

— Non, dit Lambert.

— Alors ? Qu'est-ce que tu veux ? Parle, merde.

Bonne question, se dit Lambert. Qu'est-ce qu'il voulait au juste ? Est-ce qu'on tire de sang-froid sur un mec, même si on le considère comme une ordure ? Non. On n'en est pas encore là. On fait encore confiance à la justice de son pays. Le visage flottant de Bensoussan. Son sourire sanglant. Rollo. La Justice. Ouais.

— C'est Toni qui a donné l'ordre de descendre Bensoussan ?

— T'as qu'à lui demander.

Erreur d'appréciation. Il avait cru que Lambert flottait, mollissait. Une nouvelle fois, Rollo fut surpris. Ce type faisait des gestes apparemment anodins et quand tu t'en apercevais, c'était trop tard. Ce type n'était pas *spectaculaire*. Voilà, c'était ça : il n'était pas spectaculaire.

C'est ce que se répétait Rollo en essuyant sa joue ensanglantée. Il n'avait même pas vu s'approcher Lambert. Pas plus qu'il n'avait deviné son geste avant de ressentir cette brûlure à la joue, là où le canon de l'arme l'avait frappé. Rollo regardait ses doigts pleins de sang. Incrédule.

— T'es con ou quoi ?

Il avait parlé, ce gros tas ? Possible. Mais quelqu'un d'autre parlait. Comme en interférence sur la ligne. *Tout s'achète, mec, tout. Peut-être qu'un jour, je pourrai m'acheter de la rancune.* C'est toi, Bensoussan ? C'est toi, petit métèque ? Où est-ce que tu planes encore, hein ? *Je suis dans une merde monumentale, mec. Monumentale.* Quoi ? Qu'est-ce que tu racontes encore ? Toujours aussi flippé ? *Je peux te parler des Cathares et des Albigeois.* Faut que tu déconnes, hein ? Y a rien à faire ? T'as encore fumé ta merde ? *La culture, mec, la culture. Si t'as réponse à tout, on peut plus te piéger.* Et comment tu réponds à la violence, imbécile ? A toute la saloperie du monde ? En récitant des vers ? *Tchao pantin.* C'est ça, tchao pantin. Tchao pantin. C'est tout ce que tu trouves à dire, hein ? Tchao pantin. TCHAO PANTIN !

Qui criait comme ça ? Qu'est-ce qu'il foutait là, ce gros porc, à se tortiller par terre, les mains rouges du sang de son visage, ce visage sur lequel Lambert venait de s'acharner à coups de crosse, à coups de canon ?

Lambert ? Mais c'est moi, Lambert. Moi. Moi qui frappe à coups redoublés sans même m'en rendre compte. Rollo avait peur comme on a peur devant l'irrationnel, l'inexplicable. Ce type était dingue. Il frappait d'ailleurs comme un dingue. Alors, parer les coups au mieux, laisser passer l'orage, et éviter que ne sorte de ce canon fou l'ultime bastos, le fatal projectile.

Lambert réenfila enfin la peau du Lambert habituel et constata ainsi qu'il était en sueur, qu'il tremblait des pieds à la tête. Il en avait même du mal à respirer. Son œil trouble refit petit à petit le point. La tête de Rollo était une boule sanguinolente dans laquelle brillaient deux yeux haineux.

— C'est tout ce que j'avais à te dire, murmura enfin Lambert, qui fut tout surpris de pouvoir parler.

Rollo se releva, tout en s'essuyant la bouche. Sonné, mais pas désarmé. Il cracha quelque chose avant de dire :

— On se reverra, mec.

Lambert l'écoutait à peine. Le coup de pompe l'avait pris de plein fouet et son moral venait de se faire la valise. Tous pareils. Lui. Les autres. *Mondo cane.* Tu vois ce que tu me fais faire, espèce de petit métèque. Allez, rentrons à la maison. L'oubli, je te l'ai déjà dit, est au fond de la bouteille.

Il était presque à la porte lorsqu'il perçut le déclic. Le son clair, discret et net du couteau à cran d'arrêt qui vient de s'ouvrir. Lambert se retourna soudain, Magnum entre les mains, un peu plié sur les jambes, comme on le lui avait appris jadis.

Rollo était en face de lui, le bras levé, la pointe de la lame entre le pouce et l'index. Un coup sec du poignet, et la chose d'acier irait se planter là où il avait décidé qu'elle se planterait. A ce jeu-là, Rollo était très fort, très rapide. Mais tout de même moins qu'une balle de Magnum.

Cela fit un bruit assourdissant qui s'éparpilla dans toute la pièce, se bouscula d'un mur à l'autre. Une forte odeur de poudre se répandit. Lambert n'avait pas bougé, toujours en position de tireur. C'était bien inutile. A cette distance-là, un calibre pareil, c'est mortel entre les cheveux et les genoux.

Le choc avait rejeté Rollo contre le mur. Une fleur pourpre s'épanouissait sur son tee-shirt, masquant un trou gros comme le poing. Il glissait lentement vers le sol, les yeux grands ouverts, très étonnés. Rollo était en train de mourir sans comprendre.

Un hurlement suraigu frappa soudain Lambert dans le dos. Il se retourna sans même abaisser son arme. Dans l'encadrement de la porte ouverte, la petite négresse hurlait en regardant le corps de Rollo. Puis elle découvrit l'arme, parvint à monter encore dans l'aigu et s'enfuit en courant. Lambert l'entendit crier :

— Il a tué 'ollo ! Il a tué 'ollo !

Déjà, l'immeuble s'agitait. Des pieds traînaient sur les parquets, d'autres dans les escaliers. Des questions, des exclamations. Lambert réagit soudain et fonça dans le couloir obscur. Au bout, il se heurta à un type qui sautait les dernières marches de l'étage. Dans la cour, la petite négresse hurlait toujours.

— 'ollo est mo't ! 'ollo est mo't ! Il a tué 'ollo ! Il a tué…

Le type essaya de ceinturer Lambert, et celui-ci dut le frapper à l'estomac pour se dégager. D'autres arrivaient, traînant avec eux de bizarres odeurs de sueur, d'éther, de shit. Une autre hystérique s'était mise de la partie. Puis des gosses. Dans l'entrée de l'immeuble, à cause de l'obscurité, il y eut une sorte de confusion. Deux ou trois speedés se prirent mutuellement pour l'agresseur, permettant ainsi à Lambert de bondir dans la cour.

Plus le temps de réfléchir, plus le temps de poser des questions. Le squatt était en ébullition. Les toxicos découvraient que leur fournisseur était mort. Ça pouvait devenir sanglant.

Lambert courut vers la rue. C'était compter sans la petite Noire qui sautait au milieu de la cour en hurlant comme si elle invoquait les dieux vaudou. Elle le désigna à l'attention publique alors qu'il allait sortir.

Un type, épais comme un crayon, lui plongea entre les jambes. Lambert culbuta contre le mur, se mit à cogner et à recogner sur le crâne de son agresseur qui ne trouva rien de mieux que de lui planter ses dents dans le mollet. Lambert frappa encore. Mais avec la crosse, cette fois. Le type relâcha petit à petit son étreinte. Les dents en dernier. Il était temps : la meute arrivait.

Lambert eut la vision effrayante de déments à moitié à poil qui se précipitaient sur lui en hurlant et en agitant des objets de provenances diverses. Bouts de bois, couteaux de cuisine, bouteilles, santiags, chacun avait pris ce qui lui tombait sous la main. Le territoire était menacé, les volontaires de l'an II affluaient aux frontières. En tête, agiles et déchaînées, des nanas à demi vêtues. Tout ça pour Rollo ?

Lambert jaillit dans la rue Julien-Lacroix, prêt à foncer à l'endroit où il avait laissé son Solex. Une ombre plantée au milieu de la rue l'en dissuada. Il prit donc la direction opposée et faillit se rétamer. C'est alors qu'il découvrit qu'un petit crachin finissait de noyer la rue dans une merdasse glauque, rendant la visibilité nulle et la stabilité au sol inexistante.

La meute déboulait en hurlant. Une nana légère et nerveuse le talonnait. Elle émettait un drôle de bruit, une sorte de sanglot qui n'en finissait pas. Lambert sentit un frisson d'angoisse lui parcourir le dos. Un grand type arriva à sa hauteur. Il s'apprêtait à le dépasser pour lui barrer le chemin.

Alors, ça serait la curée. Une odeur de sang, de mort, flottait dans l'air.

Lambert n'avait plus qu'une solution : s'engouffrer dans une brèche qui donnait accès à cette espèce de parc qui grimpait à flanc de coteau jusqu'à la rue Piat. Lambert suait et ahanait, le cœur en feu, déglingué de partout. Et à ras des miches, cette fille avec son interminable sanglot.

Le type essaya de le doubler, et Lambert le frappa à la volée de sa main armée. Sa victime hoqueta et ralentit soudain sa course. Des allées sinueuses montaient à travers le parc, s'élargissant parfois autour de choses bizarres qui étaient censées être des aires de jeu pour enfants.

Une herbe merdique et surtout de la glaise. Avec cette pluie, ça dérapait, ça patinait et cela rééquilibrait les chances entre Lambert et ses poursuivants. Ils étaient moins nombreux déjà, mais d'autant plus acharnés. Et cette salope avec son sanglot qui n'en finissait plus.

Quand on défend sa peau, on trouve des ressources inconnues. Lambert prit un mètre, puis deux, puis trois. L'ombre l'aspira. Derrière, ils se mirent à crier, à s'interpeller. La rage. La folie. Une hystérie collective qui pouvait fort bien déboucher sur une mise à mort.

Lambert avait réussi à se hisser à mi-hauteur et à se traîner jusqu'à des petites constructions destinées aux enfants. Planqué sous l'une d'elles, il haletait, mâchouillant sa peur, fumant d'humidité, les mains grasses de la glaise dans laquelle il avait planté ses ongles. Les cris allaient et venaient, irréels, dans l'obscurité. Ces voix appartenaient-elles encore à des corps ? La pluie s'était mise à tomber plus dru. Lambert claquait des dents sans parvenir à se contrôler. Les voix s'éloignaient. Lambert se décida enfin à bouger, traînant derrière lui un indéfinissable malaise.

Elle lui tomba sur le poil sans qu'il eût perçu le moindre mouvement, le moindre son. Une peur inconnue, nouvelle, *différente,* s'empara de lui lorsqu'il sentit les doigts s'enfoncer dans son cou. Sans doute s'était-elle tue le temps de le surprendre, car elle venait de reprendre sa litanie, son long sanglot. Et plus encore que ces doigts qui lui écrasaient la pomme d'Adam, cette plainte animale qui lui vrillait l'oreille le remplissait de terreur.

Collée à son dos, les jambes serrées autour de lui, elle enfonçait ses ongles à la hauteur des carotides, comme si elle cherchait tout en même temps à le déchiqueter. Il lâcha son arme pour libérer ses deux mains et tenter d'écarter celles de la fille. Lorsqu'elle sentit qu'il avait une chance d'y parvenir, elle lui mordit sauvagement l'oreille. Frappée, complètement frappée. Un fauve.

Alors Lambert se laissa tomber par terre, à la renverse, afin d'écraser l'inconnue de tout son poids. Sous le choc, elle cessa un instant de sangloter et poussa un drôle de soupir. Son étreinte se relâcha. Malgré sa position déséquilibrée, Lambert parvint à lui balancer son coude dans l'estomac. Elle hoqueta et lâcha suffisamment prise pour qu'il se dégage et se retourne pour lui faire face.

Il la devinait plus qu'il ne la voyait, puisque le parc n'était pas éclairé. Elle était allongée sur le dos et elle gigotait, tandis qu'à genoux, il s'efforçait de la neutraliser. Dans l'obscurité, il y eut un curieux ballet de mains qui se cherchaient, qui cherchaient une prise quelconque. La fille était quasiment à poil. Juste une robe à demi déchirée par la bagarre. Elle était grande et mince, d'une nervosité incroyable. Ses longs bras retrouvèrent soudain le chemin du cou de Lambert alors que les mains de celui-ci se refermaient sur deux seins fermes que la glaise dont ils étaient tartinés n'aidait guère à emprisonner. Alors qu'elle enfonçait de nouveau ses pouces dans la pomme d'Adam de Lambert, elle reprit son interminable sanglot.

C'était quoi ? Un remake de *La Nuit des morts-vivants ?* Cette nana, dont il ne connaissait pas le visage et qui n'en était que plus irréelle, plus inquiétante, cette goule, cette harpie, de quelle outre-tombe s'était-elle échappée, de quels enfers surgissait-elle ? Créature de la nuit, messagère de la mort.

Elle gigotait sous lui pour échapper à son poids, tout en accentuant son étreinte. Lambert hoquetait, commençait à voir des étoiles invisibles. A cause de cette glaise dont ils étaient maintenant recouverts l'un et l'autre, ils glissaient constamment, corps contre corps, dans de lents mouvements sinueux et sensuels, comme se prennent des amants fous, dans un étrange ballet horizontal où leurs mains, leurs cuisses, leurs ventres, se frottaient, se heurtaient, se mêlaient, se faisant et se défaisant sans cesse. Elle le mordit et Lambert en fut aussi terrifié que s'il se fût agi de quelque vampire.

Sous la douleur, il lui tordit les seins et elle cessa alors de sangloter pour se mettre à gémir. Elle abandonna son cou et se mit à le labourer, à le lacérer d'ongles longs comme des griffes. Brûlures soudaines, chaleur brutale. Il accentua sa prise sur les seins et elle parvint à remonter son genou pour le frapper à l'entrejambe. Elle ne renonçait pas, elle ne renoncerait jamais. Le coup mal ajusté le frôla seulement. Il lui bloqua la jambe en enfonçant ses doigts dans la cuisse. Son autre main partit à tâtons pour immobiliser l'autre jambe. Les doigts de Lambert se refermèrent soudain sur un sexe nu, chaud et humide comme un petit animal. La fille hurla. Ça n'en finirait donc jamais ?

Alors, saoul de coups, saoul de fatigue, saoul de cette nuit de mort, Lambert frappa cette chose dont il savait savait seulement que c'était une femme pour lui avoir touché le sexe.

Là-haut, la Main qui manipulait la fille... passa la main. Ses petites ficelles se relâchèrent, elle eut un soupir de bébé, puis ne bougea plus.

Bien sûr, son cri, si bref qu'il eût été, avait été entendu des autres zombies. Lambert les entendit s'interpeller et chercher à situer le cri. Il récupéra son arme dans la boue du champ de bataille et repartit à l'assaut du parc. Objectif : la rue Piat. Mais existait-elle encore ? Existait-il encore un monde réel et vivant ? N'était-il pas passé au travers du miroir sans s'en apercevoir ?

Une ultime épreuve l'attendait. Peut-être lui sauva-t-elle la vie. Alors qu'il arrivait presque en haut, il ne vit pas un bout de chantier ouvert dans un coin du parc et s'étala de tout son long dans une boue gluante et glacée. L'espace d'un instant, Lambert souhaita mourir là, tout seul, ignoré de tous, larguer les dernières amarres, passer enfin la main, n'être plus rien, pas même la chose sans importance qu'il n'avait finalement jamais cessé d'être. Il haletait, la joue collée dans la glaise. Pouvait-on être plus con, plus ridicule ? Est-ce que même après sa mort, il ne risquait pas d'être condamné à se traîner dans la boue d'une interminable nuit ?

Ils passèrent tout près, et parce qu'il ne s'était pas relevé, ils ne le virent pas. Ils ignorèrent ce chantier glaiseux et s'éloignèrent.

Il se releva parce que son instinct de conservation, comme à l'ordinaire, fut le plus fort. Qu'est-ce qui pouvait bien le pousser à garder une carcasse pareille ? Là-haut, la rue Piat offrait ses lumières, sa réalité. Lorsque Lambert émergea de ce parc obscur, il eut l'impression de s'arracher à un non-monde, peuplé de non-êtres, univers irréel où on avait, par contre, *réellement* cherché à lui faire la peau.

Il s'appuya à un mur. Pour un peu, il en aurait sangloté. Lui. C'est alors qu'il aperçut Lola-la-dingue. Elle était à quelques mètres de là, un Solex à la main. Son Solex à lui.

Elle s'approcha et lui tendit l'engin. Ce fut à peu près à cet instant qu'elle cessa de le considérer comme un ennemi.

Lola ne comprenait pas. Elle ne comprenait pas ce qu'elle foutait là, à regarder ce mec dormir, au lieu d'être à la République avec son équipe de déconneurs habituels. Elle les entendait d'ici, avec leurs langues pourries :

— Tu te fais des vioques, maintenant ?

C'était vrai qu'il aurait pu être son père. Mais elle n'arrivait pas à l'imaginer ainsi. Est-ce qu'un père de famille responsable aurait été affronter en pleine nuit les speedés d'un squatt, sous le prétexte qu'un de ses potes était mort ? D'abord, est-ce qu'un père de famille responsable aurait seulement eu un pote comme Bensoussan, c't' Arabe, givré lui aussi ? Non, bien sûr.

Lambert devait être dingue quelque part, et cela expliquait pourquoi elle était ici. Elle ne fréquentait que des tarés. Ce n'était pas un choix mais une fatalité. Là résidait le secret de cette espèce d'attirance pour ce mec. La déprime, soudain. Celle que connaissent bien ceux qui voient se lever un jour gris, couleur de leur gueule de bois, couleur de leur vie. Temps merdiques.

Lambert ronflait, enroulé dans ses draps douillets.

Il ronflait à cause du gnon qu'il avait pris sur le nez. Lola n'avait jamais compris comment il avait fait pour arriver après elle à l'appartement. Dans quel itinéraire tortueux s'était-il encore paumé ?

Elle était là depuis cinq minutes déjà lorsqu'il avait poussé la porte. Sous la glaise, ça aurait pu être n'importe qui. Mais Lola commençait à deviner qu'il ne pouvait y avoir qu'un mec aussi con pour en arriver là. Et ce mec s'appelait Lambert.

La balade en Solex n'avait rien arrangé. La pluie avait délayé une partie de la glaise. Soixante-dix pour cent de Lambert reposaient encore dessous. Et comme pour casser ce que cette teinte unique aurait pu avoir de monotone, du sang s'était faufilé, çà et là, en rigoles. Ça donnait un Lambert jaune marbré de rouge, une créature étrange issue tout droit d'un cerveau bourré de L.S.D.

Normalement, Lola aurait dû rire. Mais elle n'avait pas ri. Elle s'était approchée de lui, mal à l'aise, ne sachant ni trop quoi dire, ni trop quoi faire. Il l'avait arrêtée d'un geste. Puis d'une voix caverneuse, d'outre-tombe :

— Ne me touche pas.

Il était allé s'enfermer dans la douche. L'eau avait coulé longtemps, si longtemps que Lola avait même eu peur. Il était foutu de caner sous sa douche, ce con.

Il était enfin sorti, ceinturé d'une serviette de bain. Là où il avait été griffé, mordu, le sang réapparaissait. Ses yeux papillotaient drôlement. Comme s'il marchait sur des lames de rasoir, il s'était dirigé vers la bouteille de rhum. Il s'était penché, avait tendu la main. Il ne s'était pas redressé.

Basculant brusquement en avant, il avait culbuté la

table et viré de ce fait, le rhum, un verre et une assiette sales. Elle avait regardé ce corps étalé dans les débris et le rhum qui glougloutait. La tentation de se tirer. Dame. Mort ou vivant ? De toute façon, des emmerdes à la clé. Qu'il se débrouille. Avec Dieu ou les hommes.

Elle était restée. Elle était restée en se demandant bien ce qui l'avait incitée à revenir à l'appartement de ce cinglé. Mieux, elle l'avait même sorti du rhum dans lequel il baignait, c't' andouille, tiré tant bien que mal jusqu'à sa chambre et hissé au prix d'efforts, jusqu'ici inconnus, sur son lit défait. Comme certaines blessures saignaient toujours, elle avait récupéré une bouteille d'eau oxygénée et tamponné les plaies avec un mouchoir. Il n'avait même pas réagi, ce cadavre. Plus tard, il s'était mis à ronfler, la bouche ouverte, ses joues creuses déjà mangées par la barbe. C'est en le regardant que Lola avait trouvé. Ils étaient semblables. De la même famille. Y avait un mot pour ça, un mot ricain. *Loser*. Merde.

Lola s'était mise à traînailler dans l'appartement. Comme elle avait faim, elle avait bouffé des biscottes et des confitures. Il ne lui serait même pas venu à l'idée de faire un brin de cuisine. Ou de ménage. Elle s'était emmerdée un bon moment, hésitant à mettre la télé ou la radio. Finalement, elle s'était endormie dans un fauteuil.

Et maintenant, elle était là, debout devant la fenêtre de la chambre, à regarder tomber la pluie, à regarder tomber le temps. En face, il y avait un mur d'entrepôt. Une inscription presque effacée signalait qu'autrefois, ç'avait été une remise à chevaux. C'était là qu'il planquait son bourrin, ce Zorro comateux ?

Qu'est-ce qu'elle attendait pour se tirer ? Qu'est-ce qu'elle foutait là ? Elle espérait quoi ? Elle espérait qui ? Plein de loulous rigolos et de son âge l'attendaient quelque part du côté de la République et elle restait là, au pied du lit d'un mec dont elle ne savait même pas s'il était mort ou vivant.

Dans son dos, Lambert grogna. Elle se retourna vivement. Tout. Tout plutôt que ce temps suspendu. Fausse alerte. Il roupillait toujours. Elle s'approcha et se pencha sur ce visage auquel le temps avait donné une géographie tourmentée. Interrogation sans réponse. Lola ne comprenait toujours pas ce qui la retenait ici.

Elle se mit à faire du bruit exprès, à faire semblant de ranger. Ses efforts ne furent pas vains. Quelque chose changea dans la respiration de Lambert et lorsque Lola se retourna, elle vit qu'il avait les yeux ouverts. Il la regardait.

— Qu'est-ce que tu fous là ? demanda-t-il d'une voix pâteuse.

— Vachement aimable.

Il se redressa en faisant la grimace. Un torse velu, noueux, mais que l'alcool commençait à envelopper. Brumeux, il se grattait le crâne, se massait la nuque. Il la regardait toujours. Lui aussi cherchait à comprendre. Son estomac se mit à tanguer. Une vague et lointaine envie de vomir. Puis des images. De nuit. De mort. Il frissonna, dit d'une voix brève :

— Café.

Tout de suite braquée par le ton, par l'idée de commandement qu'il impliquait. Lambert le sentit, ébaucha un sourire, ajouta :

— Sans te commander, bien sûr.

— Y en a où ? fit-elle de mauvaise grâce.

— Faut en faire. La boîte de Nes' est dans la cuisine.

Ils s'observèrent encore un instant, puis Lola sortit de la chambre avec des allures de princesse outragée, tortillant des fesses avec excès. Lambert se mit à rire, grimaça aussitôt. Petit massage cervical. Et les images qui remontaient maintenant une à une du fond de la nuit, du fond de sa mémoire. Le parc. Rollo. L'hystérique. Ce parfum de mort. Et ce sanglot, cet interminable sanglot qu'il avait encore dans les oreilles et qui lui secouait les tripes.

Lola, redevenue la dingue, surgit soudain.

— C'est bien joli tout ça, mais tu le fais comment, ton café ?

Lambert la dévisagea, incrédule. Cet engin. Mais dans quel monde vivait-il donc depuis quelque temps ? Lequel était le bon ? Le sien ou l'autre ? Elle était là, appuyée de l'épaule contre le chambranle, provocante, insupportable. Des flots de satin rouge se mirent à défiler devant Lambert. Lola s'y enroulait avec volupté. La chambre, le lit, l'intimité inavouée, bizarre. Et le corps de l'autre fille, la sangloteuse de minuit, son sexe chaud et mouillé.

— Tu fais chauffer de l'eau, fit-il, l'esprit ailleurs.

— Et puis ?

— Tu la verses sur le Nes'.

— Ah, ouais.

Elle redisparut avec la même absence de hâte. Lambert se laissa aller en arrière et interrogea sa crevasse favorite. Et qu'est-ce qu'elle lui disait, sa crevasse favorite ? *Doucement, mon pote, doucement. Décompresse. D'abord, cette nana pourrait être ta fille.* Pas un argument ça. *C'est vrai. Seulement, elle est complètement siphonnée.* Ah, oui ? J'en connais d'autres. Et pas loin d'ici. *Tu veux jouer au plus fin ? Okay ? Je vais te rafraîchir la mémoire, mec. Est-ce que tu aurais oublié que tu es mort, mort depuis des mois et des mois ? Souviens-toi. T'as tout largué un beau jour, tout viré au fil de ta route, tout abandonné au long de ta nuit.* Et alors ? *Pauvre con. Qu'est-ce que tu veux faire ? Ramasser les débris que tu parviendras à retrouver et tenter de les rassembler ? Tu crois que ça suffira pour refaire de toi un homme ?* Tu m'emmerdes. T'es qu'une pauvre crevasse de rien, chiante et tout.

Dans la cuisine, des chocs répétés d'objets de préférence cassables donnaient une idée assez précise des sentiments qui agitaient Lola-la-dingue. Quelque chose éclata sur le carrelage de la cuisine, soucoupe ou objet similaire.

Lambert soupira, repoussa draps et couvertures.

Il se mit debout et retomba le cul sur le lit. Plus de son âge, ce genre de corrida. Il évita la glace de l'armoire, ouvrit celle-ci et y récupéra une robe de chambre qui ne lui avait plus servi depuis des lustres. Elle dégageait une odeur de vieux, de renfermé. Il passa dans le cabinet de toilette, se colla la tête sous l'eau. Il s'essuya, hésita, puis sortit de l'armoire à pharmacie un vieux flacon de lavande. Il s'en aspergea le visage.

Face à la glace, il s'observa, murmura :

— Pauvre con.

Lola l'attendait debout dans la cuisine. Deux grandes tasses étaient pleines de café. Pas un geste, pas un sourire. Pas un mot pour lui demander comment il allait. Mais elle était là. Il s'assit en lui disant :

— Tu bois pas ?

— Il est dégueulasse, ce café.

Lambert prit la tasse fumante, souffla dessus et s'envoya la première gorgée. Crut crever. Il reposa la tasse précipitamment et alla cracher la gorgée dans l'évier. Il se retourna en s'essuyant la bouche :

— Avec quoi t'as fait cette *chose-là ?*

— Je t'ai dit qu'il était dégueulasse.

Lambert comprit en apercevant le pot de Nescafé complètement vide. Lola avait mis la même dose de poudre que pour du chocolat. Un chocolat bien tassé. Lambert vira les quatre cinquièmes de sa tasse et les remplaça par de l'eau chaude. Ça redevenait buvable.

Lola faisait la gueule. Bien un mec, ça. Jamais content. Un vrai macho, comme tous les baiseurs de sa tribu. Tu leur cires leurs pompes, tu leur fais la bouffe, tu ouvres les cuisses quand ça les travaille et en prime, tu dois fermer ta gueule. Puis quoi encore ?

Lambert dit soudain :

— Y a des œufs dans le frigo.

— Et alors ?

— Alors, si t'en casses quatre, ça peut faire une omelette.

— Va te faire foutre. Pour qui tu me prends ? Je suis pas ta bonne, ni ta nana, ni ta mère. Alors, tes œufs, va te les faire cuire tout seul.

Par quel bout ça se prend, une Lola-la-dingue ? En fait, par un bout ou par un autre, ça ne devait pas se laisser prendre aisément. Lambert en avait trop subi ces dernières heures pour attacher une quelconque importance aux humeurs de Lola. Il dit seulement :

— Qu'est-ce que tu fous ici, alors ?

— J' t'emmerde.

— Allez... casse-toi.

C'était dit doucement, presque affectueusement. Puis il la regarda vraiment, et tout se déglingua à l'intérieur.

— Je te fous pas dehors... je veux simplement te faire comprendre que t'as rien à faire ici. Tu m'as aidé... c'est sympa. Moi... moi, je peux rien pour toi. Rien. T'as bien vu... J'ai pas un rond... je picole... je suis plutôt tarte...

Elle l'écoutait, tête baissée, les yeux vissés à la pointe de ses mexicaines. Il ne voyait d'elle que la touffe vert et orange de ses cheveux. Elle murmura :

— Je t'ai rien demandé.

— Je sais. Mais c'est parce que t'es là que je te dis tout ça, parce que je ne sais pas trop ce que tu cherches. Qu'est-ce que tu cherches, hein ? Qu'est-ce que tu cherches ?

Ce qu'elle cherchait ? Elle le sentait confusément, mais une Lola n'est pas rompue aux jeux de l'analyse, pas plus qu'à ceux du vocabulaire. Elle restait là, coincée, incapable de parler. Pourtant, elle savait. C'était comme une petite musique, une petite musique qui émanait de Lambert et qui pouvait s'appeler... tendresse. Ou bien amour. C'était difficile à dire. Ce type capable de se mettre dans des états pareils pour un pauvre petit raton de rien. Tendresse ? Amour ? C'était pas des mots familiers à la tribu Carletti, pas plus qu'à son équipe d'allumés. Tendresse ? Amour ? Ouais, ouais, c'était là, derrière son drôle de regard transparent, sa tronche pas possible. La gorge nouée. Qu'est-ce qui lui arrivait donc ? Même quand on a peu de vocabulaire, on trouve le moyen d'utiliser des mots à la place d'autres. Elle le regarda, demanda, inconsciemment provocante :

— Je te plais pas, hein ?

— Le problème n'est pas là.

Tendresse ? Amour ? Plus difficile à s'envoyer en travers de la figure que des injures. Lambert se leva et alla se planter devant elle. Il lui caressa les cheveux et elle se laissa faire. Il murmura :

— Qu'est-ce que tu cherches ?

Est-ce que c'était une question, ça ? Pouvait pas lui demander autre chose ? Si... ou si... Il reprit :

— Tu vois. Allez... tire-toi.

Elle se dégagea d'un mouvement violent, recula d'un pas. Elle marqua un temps d'arrêt pour dire :

— Pauv' mec.

Puis fit brusquement demi-tour et sortit de la cuisine. La porte d'entrée claqua. Lambert se mit à rire, bien qu'il n'eût pas vraiment envie de rire. Il se sentait bien, dur, propre, acier de Tolède.

Dans un fourreau de connerie, oui.

Il prit un second café. Résultat, vingt minutes plus tard, il s'écroulait en travers de son lit.

Il ne vit pas la journée s'écouler, il ne vit pas la pluie tomber sans discontinuer, il ne vit pas la nuit s'infiltrer petit à petit dans l'appartement. Il ne vit rien. Il dormait, il dormait comme il n'avait pas dormi depuis des jours, des semaines et des mois.

Ce fut la sonnerie de la porte qui le tira de cette longue échappée. Il retrouva le jour, la pluie. Il ne comprit pas tout de suite qu'il s'était passé vingt-quatre heures.

Méfiant, il demanda à travers la porte :

— Qui c'est ?

— Bauer.

Bauer ? C'était quoi ça, Bauer ? Ah, oui, le flic

entrevu chez Bensoussan. Bensoussan. Si loin, déjà. Mémoire, vieille garce, tu ne gardes que le strict nécessaire et tu jettes le reste, hein ? Oui, mon chéri, parce que c'est avec les mémoires encombrées qu'on fait les schizos.

Il ouvrit. C'était bien le jeune flic, blouson, jean de velours et œil de marbre. Il souriait sans que ça réchauffe en rien son visage.

— Je ne vous dérange pas ?

La nouvelle école, ça. Un semblant de politesse pour marquer les origines, le passage par l'université. Et surtout, surtout, pour se démarquer de l'autre, le flic du rang, élevé comme une fleur de serre dans la chaude ambiance des locaux d'agents en tenue.

Lambert lui offrit du café. Comme le flacon de poudre était vide, Lambert récupéra la tasse à laquelle Lola n'avait pas touché. Concentré comme il était, ce caoua, il n'avait pas dû s'éventer. Un seau d'eau chaude et ça ferait des espressos (*des espressi ?*) convenables.

Bauer avala la première gorgée et seul son self-control lui permit de ne pas laisser apparaître ce qu'il pensait réellement du jus qui remplissait sa tasse. Il la reposa devant lui avec l'intention bien arrêtée de ne plus y toucher. Il sourit et dit :

— Maintenant, je comprends.

— Vous comprenez quoi ?

— Pourquoi je vous ai raconté autant de choses l'autre jour... Ça m'a turlupiné, c'était pas normal. Maintenant, je sais. C'est parce que vous avez appartenu à la Grande Maison. Vous auriez pu me le dire... monsieur le Commissaire.

— C'est de l'histoire ancienne.

Morte et enterrée, mon petit bonhomme. Avec le

commissaire Lambert, l'as de la Brigade criminelle. Alors, ferme ta grande gueule et va tout de suite à l'essentiel, sinon je te vire à coups de latte. Vu ?

Bauer reçut-il le message ? Il prit la tangente et enchaîna aussitôt :

— C'est pas pour ça que je suis venu vous voir.

Puisque ce type refusait l'amicale complicité, qu'il aille se faire voir. D'un ton redevenu professionnel, Bauer enchaîna :

— Vous connaissez bien Dufour ?

— Un des pompistes de jour ?

— Oui.

— Vaguement... On fait juste que de se croiser le matin. C'est pas le meilleur moment pour échanger des confidences. Pourquoi ?

— Il est mort.

Bon. Et alors ? Ça arrive tous les jours à des millions de gens. Ça ne dérange pas un flic à chaque fois. Flic. Bauer était un flic. Jadis, il avait été un flic. Il ne l'était plus. Bauer et lui n'étaient plus du même bord. Il sourit et Bauer se méprit.

— Ça vous fait rire ?

— Non, non... excusez-moi. Je pensais à autre chose. Bon. Vous me dites que Dufour est mort. Mais pourquoi vous venez me l'annoncer, *à moi ?*

— Parce que votre... collègue Dufour n'est pas mort de sa belle mort. On l'a retrouvé dans le courant de la matinée dans la cour d'un immeuble en voie de démolition. Sur mon secteur. Des mômes qui jouaient là. Il était salement amoché.

— Un accident ?

— On ne peut pas vraiment dire. En fait, il présente toutes les apparences d'un type qui a été torturé. En tout cas, il en est mort.

Lambert buvait son café tout en cherchant à comprendre. Bauer l'observait avec une attention soutenue. Un œil de flic, c'est inimitable.

— Vous voyez pas qui aurait fait ça ? Et pourquoi ?

— Pas du tout. Dufour c'était... le Français moyen dans toute sa splendeur. L'archétype du Français moyen, c'est-à-dire celui à qui il ne peut jamais rien arriver d'autre que de naître, bosser et mourir. Pourquoi voulez-vous qu'on le torture ? Pour lui faire avouer quoi ? Vous êtes sûr qu'il s'agit bien de torture ?

Bauer écoutait avec l'attention sympathique de l'élève pour l'exposé d'un maître. Se fout de ma gueule, se dit Lambert, s'imagine tout de même pas m'avoir avec des trucs comme ça. Se prend pour Colombo, ma parole.

— Il s'agit bien de torture, confirma Bauer.

Lambert reprit sa tasse et se remit à boire. Bauer semblait attendre quelque chose. Lambert l'ignora. La partie de bras de fer venait de commencer. Bauer avait l'air de réviser à toute vitesse les chapitres consacrés à la psychologie des suspects. Prétentieux, va. Avait-il aussi chronométré le temps avant de laisser tomber :

— Oui ?

— Pardon ?

Bauer soupira. Cette vieille vache était du métier. Aurait fallu qu'il suive un stage à l'I.G.S. Mais il n'était qu'un pauvre O.P. en train de marcher sur des œufs en se demandant s'ils n'étaient pas pourris.

— Vous n'avez pas travaillé cette nuit ?

— Non.

— C'est Dufour qui vous a remplacé.

— Ah ?

Ne rien donner, ne rien lâcher. Pas le moindre petit morceau de mou. L'a qu'à se démerder tout seul, ce chat de gouttière.

— Oui, reprit Bauer d'une voix égale. D'après les premières constatations, on l'aurait embarqué à la fin de son service. En tout cas il n'est pas repassé par chez lui. Bizarre. Ça ne lui arrivait jamais.

Son regard était pur de toute arrière-pensée. Il ajouta :

— Jamais.

Il travaillait au petit point, Bauer. Depuis combien de temps était-il sur sa tapisserie ? Et quel thème avait-il réellement choisi ? Lambert commençait à en avoir une vague idée. Et puis, il en eut marre soudain. Il avait trop joué à ce jeu de con pour que ça l'amuse encore. Marre et marre de ces finesses grosses comme des bittes d'amarrage.

— Bon, fit-il soudain. On lit tout ou on saute quelques chapitres ?

Bauer parut soulagé. Il sortit ses cigarettes blondes. Maintenant qu'ils en étaient arrivés à l'essentiel, il pouvait prendre son temps. Il souffla sa première bouffée avant de dire :

— Okay. Mon idée à moi, c'est qu'on s'est trompé sur la personne.

— C'est-à-dire ?

Il savait bien, Lambert, ce que l'autre avait derrière la tête. Depuis un bon moment déjà. Alors son « c'est-à-dire », c'était juste pour marquer qu'il était bien entré dans le jeu. Et qu'il recevait 5 sur 5.

— Ce n'est pas Dufour qu'on a enlevé. *Mais le pompiste de nuit.*

— Et qui était pompiste de nuit jusqu'à présent ? Moi.

— Vous.

— Et vous pensez que c'est moi qu'on voulait enlever.

— Oui.

— Pourquoi ?

— Vous connaissez l'asthme ? C'est une sale maladie, une vraie saloperie. La crise arrive sans crier gare et vous étouffez. Pour bien respirer, il n'y a que la station verticale, et comme les crises sont très fréquentes la nuit, les asthmatiques se lèvent. Certains vont, par exemple, à leur fenêtre, l'ouvrent et regardent dehors en attendant que ça passe.

— Vous êtes asthmatique ? demanda Lambert poliment.

— Non, pas moi. Mais un type dont les fenêtres donnent sur le carrefour Ménilmontant-Philippe-Auguste. Et de chez lui, on voit très bien la station-service.

Un silence. Erreur. Ce n'était pas un chat de gouttière, mais un roquet, un bouffeur de bas de pantalons, de cabas et de paniers à chats.

— Alors ? demanda Lambert qui fatiguait.

— L'asthmatique a assisté au rodéo. Vous ne serviez pas Bensoussan. Il était poursuivi par les types à moto lorsqu'il s'est enfilé sur la piste de votre station. Pourquoi ?

— J'en sais rien. Parce qu'il y avait de la lumière, je suppose.

Bauer cherchait un cendrier des yeux. Lambert poussa devant lui sa tasse vide. L'O.P. hésita avant d'y secouer sa cendre. Ça devait choquer son sens de l'esthétique. Mais il avait gagné quelques secondes.

Car il fallait bien qu'il la pose sa question, rien à faire, commissaire ou pas, Lambert devrait répondre. Seulement, tout ça n'était guère confortable. Supérieur, Lambert. Supérieur en âge, supérieur en grade. Mais supérieur surtout parce qu'il s'en foutait. Aucune émotion, rien, dans ce regard transparent, ouvert sur rien. Il se racla la gorge :

— Pourquoi vous avez menti ?

— Pour qu'on me foute la paix, pour pas qu'on me fasse chier avec des questions à n'en plus finir, des interrogatoires à la noix et des constats à la con. Je ne suis plus rien, Bauer, ni commissaire ni pas commissaire, ni pompiste ni pas pompiste. Rien. Et je suppose que vous savez pourquoi. Alors ne me faites pas chier avec vos sous-entendus et vos supputations. Allez renifler ailleurs. De toute façon, ça pue partout.

— Okay. Excusez-moi. On m'avait prévenu, on m'avait dit...

— On vous avait dit quoi ? Lâchez-moi et foutez le camp. Je vis seul, je ne connais personne et je ne sais rien. Vu ?

Comme pour le démentir, la sonnette de la porte retentit. Lambert ne bougea pas.

— Vous n'allez pas ouvrir ? s'étonna Bauer.

— Je vous ai dit que je ne connaissais personne.

A la manière dont ça sonnait, Lambert sut qui sonnait. Il sut aussi qu'il ne s'en tirerait pas en restant immobile. Il précéda Bauer qui allait se lever, la sonnerie insistante lui tapant manifestement sur les nerfs.

C'était bien Lola-la-dingue, qui dit en l'apercevant :

— Tu roupillais encore ? Tu t'es pas encore remis de ta nuit, on dirait ?

Lambert l'attrapa par le bras et la ramena dans la salle à manger avant qu'elle en dise trop long. Elle se tut aussitôt qu'elle aperçut Bauer. Tiens, un ennemi héréditaire. Bauer en avait autant à son service. Il ne supportait pas les punks.

Comme Lambert ne semblait pas disposé à faire les présentations, il demanda, vachard et faux cul :

— Votre fille ?

Lola regarda Lambert, questionna :

— Qui c'est ?

— Un flic.

— Ça se voit.

Lambert sourit. Il eut l'impression d'avoir enjambé une barrière. Restait à savoir si de l'autre côté, il y avait quelque chose pour y poser le pied. Lola lui jeta un coup d'œil, lui prit soudain le bras et ajouta à l'intention de Bauer :

— Je suis pas sa fille, je suis sa petite amie.

Elle sentait la menthe. Mais peut-être que l'odeur était dans sa tête. Il arrive parfois que les filles qu'on a envie de baiser sentent la menthe ou le réséda. Elle se collait à lui tandis que Bauer hochait la tête, impénétrable.

Sans faire de commentaire, il se dirigea vers la porte d'entrée. Lambert et Lola l'accompagnèrent. Soudés l'un à l'autre, ils avaient l'air d'un petit couple amoureux qui raccompagne un ami venu dîner. Merci et à bientôt. Non, ce n'était pas ce qu'il disait, le Bauer. Au fait... il disait quoi ? Quoi ?

— ... un type qui s'est fait descendre dans un squatt du quartier la nuit dernière. Un certain Rollo. Mouillé jusqu'au cou dans des affaires de came. On ne va pas pleurer. Mais ce qu'il y a de curieux, c'est que tous les occupants du squatt sont persuadés qu'il a été buté par un policier.

— C'est parce qu'on arrive même plus à faire la différence, lança Lola-la-dingue.

— Oh, si, répliqua Bauer en regardant fixement Lambert. Du moins, je l'espère.

— Vous espérez quoi ? fit Lambert qui en avait jusque-là.

— Qu'on n'est pas en train de tout mélanger, prendre les torchons pour des serviettes et *vice*...

— Encore votre obsession manichéiste, l'interrompit Lambert. Après les gendarmes et les voleurs, les torchons et les serviettes... Ça sera bientôt les Blancs et les Noirs... pourquoi pas les loups et les agneaux... ou même les bons et les méchants... tout bêtement ?

— Faites chier. Le tueur du squatt, vous voulez que je vous dise ?... C'est tout à fait votre portrait.

La porte claqua. Lambert, appuyé au mur, se mit à rire. Puis, dans la pénombre du couloir, il se rendit compte que Lola lui avait lâché le bras, qu'elle lui faisait face, qu'elle...

La tronche. Une gueule longue comme ça.

C'était reparti pour un tour.

Bouteille, jolie bouteille, dis-moi que je suis le plus beurré, le plus pété de ce joli royaume de France ? Lambert, mon doux sire, vous êtes le plus grand, le plus admirable alcoolo de notre bel hexagone. Merci, jolie bouteille.

Tout était rentré dans l'ordre. L'ordre ? Quel ordre ? Est-ce qu'il y avait le moindre soupçon d'organisation dans tout ça ? La vie n'était qu'un hasard, un accident. Et la mort aussi. Un pet dans les abîmes insondables.

Est-ce que les Lambert sont solubles dans l'alcool ? Non. Les Lambert sont inaltérables. Ils échappent aux lois physiques ordinaires. Inaltérable. *Qui ne peut être altéré.* Tiens. Mais il ne cessait pas de l'être lui, altéré. Alors ? Non seulement il échappait aux lois de la physique, mais aussi à celles de la logique.

Je suis une vieille lame inaltérable. Une vieille lame inaltérable mais ébréchée. Lambert se mit à rire mais son rire s'effaça lorsqu'il s'aperçut que la bouteille de rhum était vide. Et merde. Et il faisait déjà nuit. Encore nuit. Toujours nuit, dans ce putain de pays. Avait-il seulement quelques réserves ?

Si tu veux le savoir, faut que tu remues ton gros

cul, futaille, bonbonne. C'est à ce prix que tu finiras par stopper le carnaval des noms qui défilent dans ta tête, qui n'arrêtent pas de demander des comptes. Quels comptes ? De quel droit ? Rollo ? Une ordure. Légitime défense. Eliminé. Et paf. Dufour ? Un zombie. Un pondeur de chiards. Sans intérêt. Et toc. Lola-la-dingue ? Une fouteuse de merde. A tuer. Et bing. D'ailleurs, ça finira bien par lui arriver à force d'asticoter le monde, de vouloir le retourner comme un gant.

Il avait fallu qu'elle fasse tout un plat de la mort de Rollo. Sous prétexte qu'elle s'était mouillée pour trouver son adresse. Elle en faisait tellement que, pour un peu, elle lui aurait fait la morale.

Elle ne s'arrêtait donc jamais, cette hystéro ?

Sa petite amie. Manquait pas d'air. De toute façon, leur intimité s'était arrêtée là, dans la pénombre du couloir, lorsqu'elle lui avait balancé :

— J'aimerais mieux crever que de coucher avec toi.

Parfait. Très bien. Tout est pour le mieux. Enfin presque. Y a juste un os. Pas la peine d'occulter, de siffloter en regardant ailleurs, Ducon. T'es tout seul. Tout seul. Alors, tu peux bien t'avouer que tu n'arrives pas à oublier la chaleur de la hanche de Lola contre la tienne, la main serrée de Lola contre la tienne, la voix de Lola disant :

— *Je suis sa petite amie.*

Il s'en redressa presque dans son fauteuil, tant la voix lui avait paru présente. De retour, la punk survoltée ? La fleur orange et vert du terre-plein de la République ?

Non, il n'y avait personne. Misère et désolation. Aucune âme ne flottait dans cet antre, moins fréquenté que les grottes de Lascaux. Tu l'as virée ? Tu l'as foutue dehors ? Très bien. T'auras au moins eu un moment de lucidité dans ta chienne de vie. Tu voulais être tout seul, non ? Alors, de quoi tu te plains ?

Il avait réussi à se mettre debout et c'était déjà un exploit. Ça ne dura pas. Les objets qui eux, on le sait, ont une âme commencèrent à se dresser contre lui. Ce fut d'abord la chaise, puis le fauteuil. Lambert se retrouva à genoux, haletant, suant comme un bœuf. Il se releva. Le néant, ça se mérite, nom de Dieu. S'accrocha au mur. Vira une assiette qui pendait là. Un faux Rouen. Culbuta dans la porte.

Pourquoi était-elle revenue ? Pourquoi ?

L'affrontement se poursuivit dans la cuisine où Lambert dut se débarrasser d'une casserole particulièrement agressive, de deux tasses kamikazes et d'un tabouret envoyé là en éclaireur.

Y en avait une, y en avait encore une, bien rangée avec sa négresse qui riait à pleines dents, évoquant les mers chaudes, les plages sensuelles, l'amour bronzé. Publicité mensongère, oui.

Pourquoi était-elle revenue ? Pourquoi ?

Il prit conscience qu'il était accroché à l'évier, qu'il n'arrivait pas à le lâcher. *Qu'il avait peur.* Jusqu'où faudrait-il qu'il aille pour...

J'en connais un qui serait content s'il te voyait, tiens. Bensoussan ? Ça ne te dit rien, Bensoussan ?

Vite. Objectif, la chambre. Le pieu. Boire tout et mourir allongé sur le dos, les yeux grands ouverts sur la crevasse jusqu'à ce qu'elle s'écarte comme un sexe et t'absorbe. On ne saura jamais ce que t'es devenu. Jamais.

La porte claqua contre le mur. Lambert pirouetta sur un talon et se retrouva face à…

C'est alors que l'œil l'immobilisa, le cloua sur place. Il avait pourtant tout fait pour l'éviter, ce regard. Ces regards. Car ils étaient deux, deux maintenant.

— Qui c'est ce mec, sur la photo ? avait demandé Lola.

— Mon fils.

— Il est où ?

— Nulle part.

— C'est con, ce que tu dis là… On est forcément quelque part.

— Sauf quand on est mort.

Salut, Jean-Luc. Salut, petit. Comment ça va depuis le temps ? On s'est jamais beaucoup causés, toi et moi. Sauf pour se dire des vacheries. Un peu con. Si on savait. Mais on sait toujours trop tard. Comme ce soir-là. Et ces maudites cigarettes. Qu'est-ce qui nous pousse, qu'est-ce qui nous actionne ? La vie. La fatalité. Tous ces manches à balai qu'on te fait avaler pour que tu te tiennes droit et que tu chies toujours aussi droit pour la génération suivante. Qui remet jamais en cause les manches à balai ? Alors, forcément, on en arrive à vouloir faire le ménage dans le cœur de l'un, dans l'âme de l'autre. Nickel. *Clean.* Et à ce jeu-là, on finit par confondre pureté et désert.

Titubant devant le portrait, Lambert sentait monter en lui une boule qui s'amplifiait, s'épanouissait, déferlait comme une vague, un de ces rouleaux atlantiques qui balaient, lavent, détruisent et laissent en se retirant des cœurs purifiés, blancs comme des os de seiche.

Lambert pleurait. Lambert pleurait sans retenue,

comme il ne l'avait jamais fait depuis les jours lointains de son enfance. Appuyé d'une main au mur, tenant de l'autre sa bouteille de rhum, Lambert pleurait comme on se décape. Jusqu'à l'âme.

Cela dura combien de temps ? Combien de temps resta-t-il ainsi avant qu'à travers le brouillard de ses larmes ne se reforme petit à petit l'image de Jean-Luc, à laquelle vint bientôt se superposer celle de Bensoussan ? Car leurs regards maintenant confondus ne faisaient plus qu'un. Et Lambert avait bouclé la boucle.

Restait plus qu'à se sortir de là, à remonter la pente, à s'extraire de ce ravin sans lumière, de cette vallée froide et humide. Glou, glou, glou, fit la bouteille de rhum dans l'évier, toute surprise d'alimenter autre chose que le gosier de Lambert. Cheeeeesssss, enchaîna l'eau de la douche en s'éparpillant sur le corps nu de Lambert.

Il y resta le temps d'une éternité.

Deux loulous malmenaient le flipper. Coups de latte, coups de paumes. Tu vas les cracher, tes parties gratuites, quoi, merde. *Tilt.* T'es con aussi, Machin. T'espérais quoi, en le secouant ainsi ? Qu'il en tombe des prunes ?

Une nana flippait sur la banquette devant un lait-grenadine. Son khôl s'était étalé sur sa peau grasse comme une tache d'encre sur un buvard. Sa copine pensait à Petit Jo, l'ordure, qui s'envoyait présentement en l'air avec ce boudin de Josy. Et ces deux raclures qui essayaient de couillonner l'électronique du flip. Quelle soirée.

C'était aussi l'avis de Toni, le beau Yougo, le Croate cruel, qui subodorait la soirée merdique, la soirée à vingt balles. Il hésitait encore à balancer ces quatre cloches qui ne lui payaient même pas l'électricité.

Une heure du matin.

C'est alors qu'il vit le type entrer. Déjà vu, celui-là, avec sa gueule de flic, son regard en forme d'ouvre-boîtes et son air d'être ailleurs. Toni se méfiait depuis la mort de Rollo. Buté par un mec. Un genre de poulet, à ce qu'on lui avait dit. Un mec dans le genre de celui qu'il avait en face de lui, justement. Et qui s'était présenté de sa part.

Tandis qu'il demandait à l'inconnu ce qu'il voulait prendre (mon poing dans la gueule ?), Toni ouvrit discrètement un tiroir : celui où se trouvait une matraque télescopique terminée par une bille d'acier.

Lambert fit celui qui n'avait rien vu et dit :

— Un Vittel-menthe.

Un Vittel-menthe. C'était pour un Vittel-menthe que ce branque allait retarder la fermeture ? Toni le servit néanmoins, car avec son instinct sans faille, il sentait qu'entre ce type et lui, on n'en était qu'aux préliminaires.

Les deux petits cons venaient encore de faire *tilt*. Une des nanas disait à l'autre :

— Josy, c'est rien qu'une radasse.

Toni essuyait ses verres. Il attendait. Il savait qu'il allait finir par se passer quelque chose. Lambert en était à la moitié de son Vittel lorsqu'il lui fit signe. Toni s'approcha avec empressement. Il était pour l'action. A mi-voix, comme pour une nouvelle commande, Lambert lui dit :

— Je voudrais te parler.

— A quel sujet ? demanda Toni avec prudence.

Il avait noté le tutoiement et cela n'augurait rien de bon. Lambert baissa encore la voix :

— C'est confidentiel. — Puis montrant les loulous. — Vire-moi tout ça.

— Poulet ? questionna Toni après avoir hésité.

Lambert se contenta de sourire. Il termina son verre avec une satisfaction évidente. Toni n'avait toujours pas bougé. Légèrement penché vers Lambert, il attendait une réponse qui ne vint pas. Alors, il se redressa et lança à la cantonade :

— Du balai. On ferme.

Les loulous protestèrent. Justement, ils étaient sur le point de s'offrir cinq parties gratuites. Enfin. Mille points, il manquait. Toni ne se répéta pas. Il s'approcha du flipper et donna un coup sec sur le côté, là où il était sûr que ça ferait *tilt*. Ça fit *tilt*. Les protestations des frustrés moururent sous le regard glacé de Toni.

— Allez, les boudins, fit Petit Con numéro 1 aux deux filles. On change de rade. Ici, on se fait chier.

— Vingt balles avec le service, dit seulement Toni.

Ils réunirent de la monnaie qu'ils mirent en tas sur le comptoir. Et sortirent sans fermer la porte. Toni comptait la monnaie. Il manquait cinquante centimes.

— Minables, va, fit-il entre ses dents.

Il rangea soigneusement l'argent. Pour gagner du temps ? Lambert semblait l'avoir oublié. Il observait le fond de son verre. L'espace d'un instant, Toni eut la tentation de prendre sa matraque et de lui sonner la gueule. A ce moment précis, comme s'il avait deviné, Lambert releva la tête et lui sourit.

— C'est à toi, la Kawa qui est dehors ?

— Oui.

— Rentre-la.

— Quoi ?

— J'ai dit : rentre-la.

Pendant qu'il parlait sans élever la voix, d'un geste naturel — pas *spectaculaire,* aurait dit Rollo —, Lambert avait sorti le Magnum de son blouson et l'avait posé sur le bar, comme l'aurait fait d'une blague à tabac un pépère sur le point de s'en rouler une.

— Et referme ton tiroir, ajouta Lambert.

Bon. Pas la peine d'entrer en conflit avec un calibre pareil. Temporisons. Voyons venir. Après tout, hein, qu'est-ce qu'on peut me reprocher? Qu'est-ce qu'on peut *prouver?* J'ai même un permis de travail.

Il sortit donc de derrière le bar tandis que Lambert pivotait en le suivant des yeux. Comme il sortait, Lambert précisa d'une voix toujours égale :

— Et ne fais pas le con. T'iras jamais aussi vite qu'une balle.

Faire le con? Il en avait de bonnes, ce mec. S'imaginait tout de même pas qu'il allait lancer sa jolie mécanique, la pousser alors qu'elle était toute froide, pas préparée du tout? Il entassa même chaises et tables, le beau Croate, afin que rien ne vienne rayer, ni même frôler son engin de rêve.

Il eut du mal à contrôler les trois cents kilos pour les faire entrer dans le rade. C'était un beau mec aux muscles sans graisse, bien proportionné, bête à mémères, tringleur de bal. Affûté comme une lame. De ses avant-bras, durcis par l'effort, il parvint à redresser la machine et à la remettre sur sa béquille.

— Maintenant ferme, reprit Lambert. Rideau et tout.

Toni lui jeta un coup d'œil en s'essuyant le front d'un revers de main. Le flingue était toujours posé sur le comptoir. Combien de chances de le récupérer avant ce mec ? Chances nulles, lui répondit son ordinateur personnel.

Il alla donc fermer le bar, rideau et tout, comme le lui avait recommandé Lambert. Puis il se retourna en disant :

— Bon. Vous allez peut-être...

Il se tut soudain, interrompu par le bruit du verre brisé. Incrédule, il regardait le phare de la Kawa, *sa* Kawa, que Lambert venait de faire sauter d'un coup de crosse. Il ne fit aucun commentaire, fasciné par les bouts de verre tombés de part et d'autre de la roue avant. Bien qu'il n'eût rien dit, Lambert reprit :

— Ta gueule. C'est moi qui ai tué Rollo.

Toni n'en fut même pas surpris. Fou, ce mec. Sinon d'où sortait-il ? D'où venait-il ? Est-ce qu'un flic se conduirait comme ça ? Un flic fou ? Pourquoi pas ? On voit de tout, par les temps qui courent. Il dit :

— Qu'est-ce que tu veux ?

— C'est de ta petite tête qu'est sortie l'idée d'enlever le pompiste ?

— Quel pompiste ?

Schlafff. La crosse du Magnum s'abattit avec une rapidité effrayante sur le compteur de vitesse. L'écrasa. Barjot. Barjot-barjot. Est-ce qu'on s'en prend à une pauvre machine ? Procédés de pédés ça.

Lambert montra la moto en disant :

— Chaque fois que tu te tromperas dans tes réponses, je lui taperai dessus. Okay ? On attaque. Bensoussan se fait descendre par Rollo et Azema. Azema crame. Rollo se tire. Et voilà que Rollo se fait aussi buter. Par quelqu'un qui venait de ta part. Qui pouvait savoir que Rollo était sur la moto ? Toi, bien sûr. Mais toi, tu sais bien que tu n'as rien dit. Azema non plus. Et pour cause. Comme t'avais pas dû parler de cette expédition à tout le monde, il y avait donc quelqu'un d'autre. Un témoin, peut-être. Et quel était le seul témoin du meurtre ? Le pompiste. Bizarre, mais enfin. Alors, pour en avoir le cœur net, pourquoi ne pas l'embarquer, lui poser la question ? Manque de pot, il cane.

Toni écoutait avec attention. Lambert ajouta :

— C'est moi, le pompiste, pauvre con.

— Je ne comprends rien à tout ça, dit Toni qui commençait à nager entre tous ces pompistes vrais et faux, morts et vivants.

Splapf. Le gnon arriva sur le réservoir, cette fois. Sur la belle peinture du réservoir. Toni commençait à avoir chaud. Chaud de haine. Mais il avait appris à se contrôler. Quand on est étranger quelque part, faut toujours savoir se contrôler. Surtout quand on a affaire à des pompistes fous.

— Alors ? C'est toi ?

Silence. Cette fois, ce fut le compte-tours qui y passa. Puis le cuir de la selle. Puis les rayons de la roue. Puis le carénage. Il lui avait coûté la peau des fesses, ce carénage. Les feux de position disparurent. Toni se sentait brûlant de partout. Ramassé. Concentré. Et cette salope se marrait.

La dinguerie est-elle communicative ? Toni s'était néanmoins remémoré ce qu'il fallait faire comme gestes en un temps record. Il sauta en l'air, comme sur un trampolino, se retrouva à cheval sur la Kawa tandis qu'il la faisait démarrer. Elle répondit au quart de tour, la bête blessée, la bête fidèle. Tout en même temps, il enclenchait la première. Un rugissement brutal, assourdissant. L'engin se cabra comme un pur-sang, roue en l'air.

Lambert fit un bond de côté tout en récupérant son arme. Il tira alors que l'engin, déchaîné, le frôlait. Déjà mort, la main crispée sur l'accélérateur, Toni alla s'écraser sur les tables du fond. Le miroir mural se brisa et une forte odeur d'essence envahit le bar.

Puis lentement, doucement, tout doucement, la Kawa et son cavalier tombèrent sur le côté comme tombent les guerriers indiens dans la poussière jaune de l'Arizona lorsqu'ils ont été touchés par un tireur d'élite de la caravane.

Lambert s'approcha, ouvrit le réservoir d'essence. L'odeur s'accentua soudain. Lambert recula jusqu'à la porte qu'il ouvrit. Il fallait se baisser pour sortir. Avant de le faire, il regarda l'équipage immobile. Le Croate avait l'air d'un mannequin de cire. Ou d'un pantin que sa Main aurait laissé tomber. Lambert murmura :

— Tchao pantin.

Puis il craqua une allumette.

A quoi ça rêve, une petite punk qui dort au fond d'un grand lit ? Est-ce que ça s'arrache enfin à son ruisseau, à sa mythologie de paumés, à son univers glauque ? Est-ce que ça rêve technicolor, carrosse et prince charmant ?

Debout au pied de son lit, Lambert regardait Lola dormir. N'avait trouvé que des clichés bidon pour remplacer d'autres clichés bidon. Deux heures du matin. C'était sa seule excuse. Non. Il y en avait une autre. Cette part de lui-même qui se sentait frustrée, qui pleurnichait après sa dose.

C'était l'heure où Lambert commençait habituellement à planer. Il prit conscience de ses doigts crispés sur le montant du lit. Faire taire tous ces désirs qui se réveillaient en lui et s'étiraient, les vaches, sans la moindre pudeur. Qui avait soulevé le couvercle de la lampe d'Aladin, de la marmite infernale ?

Elle avait viré ses vêtements n'importe comment. Comme si elle les avait enlevés à toute vitesse de peur de tomber endormie avant d'avoir fini. Un collant affaissé sur lui-même, une petite culotte brodée de deux fleurs. Tee-shirt et jean de cuir. Lola sans son armure n'était plus tout à fait Lola. Enfin, c'était une autre Lola. En aucun cas Lola-la-dingue. Vulnérable. La couverture avait glissé et elle s'était enroulée dans le drap qui la moulait, plus troublante que si elle avait été nue. Son visage était enfoui dans l'oreiller. Du rouge le balafrait.

Quelle était la dernière femme qui avait occupé ce lit ? Janine. Sa femme. Ou plutôt son ex. Son casque d'or. Cette petite moue fragile qui avait fini par devenir une mine alanguie, souffreteuse. Insupportable. Janine et Jean-Luc. Finalement, il était l'étranger. Le couple, c'était eux. Leur complicité. Leurs silences. Leurs regards de connivence. Normal qu'à la mort de Jean-Luc, elle ait décidé de divorcer. Qu'avaient-ils encore en commun ?

Lola bougea. Ouvrit un œil. Un regard tapi derrière le coin du drap, un regard de lapin à l'angle du terrier. Et Lambert paumé au sein de cette intimité féminine. Maladroit, forcément.

— Qu'est-ce que tu fiches ici ?

— Je savais pas où zoner.

— Hein ?

— Zoner... pieuter, quoi.

— Comment t'es rentrée ? J'avais pourtant mis le verrou de sûreté, cette fois.

— J't'ai piqué ton deuxième trousseau... le premier jour.

Il préféra ne pas lui demander pourquoi. De toute façon, elle lui aurait rendu service en embarquant tout ce qui se trouvait ici. Après son divorce, il avait récupéré cet appartement, celui de ses parents. Il avait enfilé leur décor, leur misère, comme un vieux costard en solde.

— Ho ! Où t'es ?

Elle s'était redressée et le drap n'avait suivi qu'en

partie. Elle avait d'extraordinaires petits seins à l'image de son caractère : pointus et agressifs. Le pouls de Lambert passa de 60 à 90. Tapatap, tapatap, tapatap. Con de cœur, va. Toujours aussi maladroit, il dit :

— Et tes copains, alors ? Tu pouvais pas aller chez un de tes copains ?

— Ben, j'étais chez Tarzan.

— Tarzan ?

— Philo, quoi. On l'appelle Tarzan parce que chaque fois qu'il voit une nana, il fait le cri. Tu sais... Ahoooahoooo...

— Oui, oui, je sais. Et alors ?

— On s'est engueulés... à cause de toi.

Elle eut soudain un sourire désarmant, ajouta :

— Alors comme c'était à cause de toi, je suis venue ici. Logique, non ?

Vachement logique. Une logique à faire sauter les microprocesseurs d'un ordinateur. Un culot phénoménal. Les seins en avant, juste un bout de drap sur l'épaule et un regard en forme de serpentin. Perverse ? Dragueuse ? Même pas. Pire. A l'aise. *Naturelle.*

— D'où tu viens ? fit-elle enfin. T'es bizarre. T'as quelque chose de changé.

C'était vrai. Il n'était pas comme d'habitude. Rasé de près. Mais elle l'aimait autant un peu cradingue. Pas bourré non plus. Tiens, tiens, tiens. Pourtant, ça empestait le rhum quand elle était entrée dans l'appartement. Quoi donc encore ? Autre chose. Un truc plus subtil. Au niveau de l'œil ou quelque chose comme ça.

Comment fait-on pour échapper au regard inquisiteur d'une minette à poil ? Pour s'arracher à cette atmosphère moite, chaude. L'odeur de Lola. La touffeur d'une forêt équatoriale. Et le cœur qui change encore de vitesse. Tapatap, tapatap, tapatap. 100, 110, peut-être. Elle est où, la clairière ? Il essaya d'avaler le paquet de poussière qui lui servait de salive, parvint à dire :

— Je suis fatigué.

— Je vais te faire une petite place.

Déjà, elle se poussait. Naturelle une fois de plus. Comme il secouait la tête, elle enchaîna :

— Ben quoi... c'est ton pieu.

Pour se donner une contenance, pour gagner du temps, Lambert commença à enlever son blouson, oubliant que s'y trouvait son Magnum. Y pensa trop tard. L'œil agile de Lola l'avait repéré. Elle n'eut pas un instant d'hésitation :

— T'as encore été jouer au con ?

— Dors.

Dors. Dors. Il était en quoi ce mec ?

— Merde. Toi, t'es pas vraiment libéré.

— Non, sourit-il. Non. Pas vraiment.

Il referma la porte en sortant.

Et maintenant, Ducon ? Tu te fais un lit dans la douche ? Tu te suspends par les épaules dans la penderie ? Tiens, je t'emmène. Pas loin, aie pas peur. Juste devant la glace. Comme ça tu vas pouvoir te regarder et te foutre de ta gueule.

Il se garda bien de le faire et s'écroula dans son fauteuil favori. Mécanismes obscurs. A peine assis, le rhum lui manqua cruellement. Tenir, nom de Dieu. Tenir. Du moins assez pour...

Il s'endormit en pensant à Dickie. A ce Dickie dont il ne parvenait pas à imaginer le visage.

Ça sonnait. Il sursauta. Il émergea. Il mâchouilla.

Une gueule de bois pour tronçonneuse. Il faisait jour. Enfin, on pouvait appeler comme ça cette saloperie jaune qui flottait derrière les fenêtres.

Bauer avait toujours le doigt sur la sonnette lorsqu'il lui ouvrit. Encore lui. A ce rythme-là, ils allaient finir par se mettre en ménage.

— Je passais, sourit Bauer. Ça va ? Auriez pas un café ?

Faux derche. L'avait même pas bu, l'autre. Il passait. Pour aller où ? Il avait déjà repoussé la porte. Le moyen de ne pas le faire entrer ?

— J'ai du thé, dit Lambert. Enfin, je pense.

De vieux sachets devaient traînailler quelque part. Depuis bien longtemps. Peut-être du temps de Janine. T'avaleras ça, mon salaud, ça t'apprendra.

Quand il revint avec l'eau chaude et de la poussière de Lipton, Bauer, installé dans un fauteuil, fumait ses blondes pourries avec une évidente satisfaction. A l'aise. Sourit.

— Ça vous manque pas ?

— Quoi ?

— La Grande Maison.

Le faisait chier avec sa Grande Maison. Grande Maison. Grande Maison. Foutoir, bordel, oui.

— Non.

— C'est marrant. Moi, je suis flic par vocation. J'ai fait du droit, j'aurais pu faire autre chose. Mais j'aime ça. C'est con, les gens n'aiment pas la police. Pourtant, moi, j'aime bien les gens. Enfin, presque tous. Pourtant, on peut pas dire qu'ils soient très compréhensifs. Tenez... vous connaissez l'histoire de ce petit môme de sept ans qui s'était perdu ? Y savait plus où aller et il tombe sur un commissariat. Seulement, voilà. Ses parents, c'était d'anciens gauchos, des soixante-huitards, vous savez, ceux qui écrivaient partout : C.R.S. = S.S. ? Du coup, ce môme, il avait la trouille des policiers. Finalement, il est entré quand même. Mais vous savez ce qu'il a dit en entrant, mourant de peur, vous savez ce qu'il a dit ? *Je viens en ami.* Tout juste s'il agitait pas un drapeau blanc.

Bauer hocha deux ou trois fois la tête, reprit, amer :

— Merde. *Je viens en ami.* Vous vous rendez compte ? *Je viens en ami.*

Puis, sans transition, montrant la théière :

— Dites donc... votre thé, il doit être infusé.

Dix tonnes de clichés sur les épaules. Tous pareils. L'alibi du sacerdoce. Sacerdoce, mon cul. Du boulot, de la sécurité. Du pouvoir pour les pervers. Ou seulement les cons. Et puis, tous pareils à cinquante balais. Usés, bectés par la routine, l'horreur quotidienne, insensibles, tétanisés. Zombies. Qu'il aille se faire foutre avec ses états d'âme. Tiens, s'offrir un luxe. Lambert dit :

— J'en ai rien à foutre de vos états d'âme.

Il versait le thé dans les tasses. L'autre était muet de saisissement. Profondément choqué. Touché à vif quelque part. On venait de piétiner les plates-bandes de son jardin secret. Et en plus, il allait falloir qu'il se farcisse ce thé dont seule l'odeur lui donnait déjà l'envie de gerber.

Bauer renifla et posa sa tasse en disant :

— C'est chaud.

— C'est bon quand c'est chaud.

Pour une fois que la vengeance ne s'avalait pas froide. Bauer se pencha pour éteindre sa cigarette dans la soucoupe. En se réinstallant, il dit :

— Ça devient vachement animé, le secteur.

— Quel secteur ?

— Le mien. Y a quand même des mecs à qui il arrive de drôles de trucs. Tenez, cette nuit... Un gérant de bar. Il a cramé au milieu de ses tables, à cheval sur sa moto. Pouvez-vous me dire ce qu'il foutait à l'intérieur de son bar, à cheval sur sa moto ? D'après le légiste, y aurait pas que les flammes qui l'auraient tué.

Il attendit un instant, un œil interrogateur posé sur Lambert. Rien ne vint.

— Ce type s'appelait Toni, reprit-il. Et voyez comme c'est bizarre, son bar était fréquenté par Rollo.

— Rollo ?

— Vous savez bien, ce mec qu'on a descendu dans un squatt de la rue Julien-Lacroix.

— Vous ne buvez pas votre thé ? dit Lambert.

Bauer hésita, puis dut prendre la tasse. Odeur de merde. Il y trempa ses lèvres, la reposa vite fait. Il s'essuya la bouche, prit une nouvelle cigarette qu'il alluma.

— D'ailleurs, l'enquête progresse. Le type qui a brûlé près de votre station-service, eh bien, on a découvert que c'était un ami de Rollo. Et que lui aussi fréquentait le bar de Toni.

— On dirait que tout ça vous intéresse ? Vous n'êtes pourtant pas chargé de l'enquête ?

— Bien sûr que non. Ça serait trop simple. Pensez... quelqu'un qui connaît parfaitement le terrain. Je suis juste là pour servir la soupe à ces messieurs de la Criminelle. Mais ça m'intéresse. Oh ! que oui, ça m'intéresse. Ça fait des mois et des mois que j'étudie cette pourriture, des mois et des mois que je cherche un biais, une astuce pour balayer tout ça.

— Balayer quoi ?

— Toutes ces ordures, tous ces fumiers. Vous savez pourquoi il n'y a plus une pharmacie de cassée en ce moment ? Parce que la drogue arrive de nouveau. Y en a partout, suffit de demander. Et de payer. Depuis le démantèlement des grandes filières, la French Connection, le marché a évolué. Plus de gros porteurs maintenant, mais une multitude de fourmis qui vont se fournir un peu partout, de la Thaïlande à la Hollande. Enfin, c'était comme ça ces derniers temps... Mais on dirait qu'un important réseau est en train de se constituer. Il fourgue de l'héroïne pure... de la numéro 4. Cette nouvelle filière... on l'appelle la filière africaine.

— Pourquoi ?

— Parce que c'est un Noir qui est derrière tout ça. Attaché culturel. Passeport diplomatique.

Il faillit prendre sa tasse, s'arrêta à temps. Reprit :

— Quand je pense qu'il y a des gens qui sont racistes. Ah, les cons. Y a pas les Blancs et les Noirs, mais les nantis et...

— Vous n'allez pas recommencer ?

— Non, sourit Bauer.

Il resta un instant silencieux, rêveur.

— Rollo, Toni, deux morts qui ressemblent à des exécutions. Si on descendait Dickie, je penserais qu'un justicier est en train de se substituer à nous.

— Qui c'est, Dickie ?

— Le grossiste qui fournit un certain nombre de Toni. Mais oubliez ce nom. C'est idiot, je me laisse aller à parler comme si vous étiez encore...

Il se tut soudain. Puis l'œil en forme d'arrache-clou :

— Z'avez pas pu en entendre parler, évidemment ?

— Evidemment. Je vends de l'essence, moi, pas de la came.

— Bien sûr.

Léger dans ses après-ski, le Bauer. Il posait sur sa tasse un regard chargé de haine.

— Ça va refroidir, se marra Lambert.

Il n'avait pas touché à la sienne. Foie, pancréas, estomac, faisaient la gueule. La révolte des viscères. La guerre des abats. Ça se bousculait, ça se chahutait. Bauer cracha de la fumée, l'œil fixé à terre :

— Ils sont marrants, les gens. Ils voudraient qu'on soit des flics comme avant. Et eux, merde... est-ce qu'ils sont comme avant ? La vérité...

Il se redressa et s'accrocha au regard de Lambert :

— ... la vérité, c'est qu'il y a plus de morale, plus rien. Tout le monde s'en fout, la jungle... plus de règle du jeu, plus rien... Riches, pauvres, même combat. C'est à qui bouffera le cul de l'autre. Alors, ce qui se passe... ce qui se passe... c'est que tous les fumiers, toutes les ordures se marrent et en profitent. Ils auraient tort de se gêner, non ? Y a pas plus de salauds qu'avant... non... c'est les honnêtes gens qui ont disparu.

Il baissa le ton, murmura, en regardant de nouveau le sol :

— Alors si un justicier s'en mêle, après tout...

Lambert bâilla ostensiblement. Pauvre con de flic qui ramait et qui ramait à contre-courant, se battant contre les moulins à galette, la décadence, l'indifférence et la vacherie générale, comme s'il espérait encore pouvoir leur mettre un jour la main au colbac et leur dire : *Au nom de la Loi, je vous arrête.* Mais l'espérait-il encore ? Il n'y avait plus rien à arrêter, d'ailleurs. Le processus fatal était engagé.

— Vous êtes un mauvais flic, Bauer. Vous pensez trop.

Commissaire de mes deux. Toi aussi, t'as été un mauvais flic, toi aussi, t'as eu au moins une fois un état d'âme, toi aussi, au moins une fois, t'as pensé.

— Où est-ce que vous étiez, cette nuit ?

— Pourquoi ?

— C'est la raison de ma visite. Je suis chargé de vous poser officiellement la question. Personnellement, je m'en fous. Alors ?

La porte de la chambre s'ouvrit et Lola-la-dingue surgit. Lola-la-dingue, pas l'autre, pas le petit lapin lové dans le drap blanc. Elle fit, bien sûr, une entrée remarquée qui ne pouvait pas être innocente. Elle avait juste enfilé son tee-shirt qui lui arrivait à ras du zizi. Une touffe de poils bruns qui fascina Bauer. Elle avait de foutues jambes, longues, fines et nerveuses. Pas le moins du monde gênée, elle dit :

— Il était avec moi. On n'a pas bougé d'ici. Même qu'on s'est envoyé en l'air toute la nuit.

La provocation. L'insolence. S'il avait pu foutre tout ça au trou, botter le cul — le joli cul — de cette donzelle. *Nom de Dieu, elle n'allait pas bientôt la planquer, sa saloperie de chatte ?* Il en était tout rouge. Et celui-là qui se marrait en face de lui, cet ancien commissaire qui se tapait des minettes, autant dire des délinquantes. Et ça parlait de morale. *Stop.* Arrête, Bauer, tu commences à déconner. C'est toi qui parles de morale. Très juste. Ils se foutent de toi, ils te bourrent le mou et tu n'y peux rien. Allez, décompresse. De toute façon, la petite salope est retournée dans sa chambre.

Lambert parlait :

— Et si je vous avais dit, par exemple : « Cette nuit, monsieur Bauer, je suis allé au bar de Toni, je l'ai descendu, et puis j'ai foutu le feu. » Qu'est-ce que vous auriez dit ?

Bauer se leva en disant d'une voix neutre :

— Je vous ai dit que j'étais venu vous poser officiellement la question. Vous avez un alibi, moi, ça me suffit.

— Qu'est-ce que vous auriez dit ? insista Lambert.

— Vous m'emmerdez, avec vos questions de gendarme.

Bauer se dirigeait vers la porte. Lambert dit dans son dos :

— Vous ne m'avez pas répondu.

Bauer se retourna :

— L'autre jour, je vous ai déjà dit que vous étiez trop curieux. Et puis — il hésita —, est-ce que tout ça a réellement de l'importance, si on pense la même chose ?

— Qui pense la même chose que qui ? Vous êtes là, à bâtir des romans. Votre Toni a été victime d'un règlement de comptes. Point final.

Bauer avait sorti son paquet de cigarettes et le faisait tourner entre ses doigts. Sans regarder Lambert, il dit :

— Les deux sacoches de la moto étaient bourrées de came. Je suppose que Toni s'apprêtait à évacuer cette marchandise. Une fortune qui s'est barrée en fumée. De quoi faire se shooter tout le quartier.

En clair, si Toni s'était fait descendre par ses amis, ceux-ci n'auraient sûrement pas laissé toute la marchandise dans les sacoches de la moto. Donc, c'était quelqu'un d'autre. Donc. Et comme deux et deux font la plupart du temps quatre...

Ils étaient maintenant dans le couloir près de la porte. Bauer dit :

— Soyez tranquille. Je saurai expliquer que votre alibi est en béton. Si l'on peut dire.

La vision de Lola vint le perturber un instant. Y en a qu'ont du pot. Il dévisagea Lambert avec une curiosité nouvelle :

— Finalement... vous n'êtes pas si sentimental que ça.

— Vous ne m'avez pas connu au temps de ma splendeur. Peau de vache et chaussettes à clous.

— Ouais, ouais.

Il était encore en train de se gratter les neurones. Qu'est-ce qu'il allait pouvoir en extraire ? Ça lui sortit de la bouche comme la vérité sort du puits :

— Vous savez ce qu'il a dit un jour, Aragon ? Il a dit : *C'est avec les jeunes cons qu'on fait les vieux cons.* Eh ben, pour les flics, c'est pareil.

— Foutez le camp, dit Lambert. Vous me flanquez la déprime.

Bauer sortit en hochant la tête, assez satisfait de lui. Il l'avait coincé, le vieux.

Lambert était appuyé sur la porte refermée. C'est une drôle de vie, la vie qu'on vit. Plus rien n'est à sa place. Bauer, ça l'emmerdait. Paradoxe. Pour rétablir l'Ordre, il cautionnait le désordre. Sacré Bauer, va. Paumé lui aussi. Comme les copains.

Lambert se sentait drôle, un peu flottant, un peu à côté de ses pompes. Mais c'est pas si mal de marcher pieds nus. Rien bouffé depuis la veille. Et puis le sevrage. Alors, tout était un peu irréel, très,

très légèrement décalé, très, très légèrement flou.

Irréelle Lola qui n'était toujours enveloppée que de son seul tee-shirt, qui ressemblait, avec sa peau lisse et ses grands yeux, à une peinture du *Quattrocento*.

Lola ?

Lola ?

Ma petite bête, mon petit animal. T'es là, ma petite chatte, ma souris grise, ma minette de gouttière, ma fleur de béton. T'es là et tu te coules contre moi. T'es là et tu trembles. T'es là et tu palpites. T'es là et *tu vis*. Au rythme de ton sang, au rythme de ton cœur, au rythme de ton sexe. Pas l'oublier, celui-là. Il me brûle, il me dévore, il m'engloutit. Et ta peau. Et tes lèvres. Et ton cou. Alouette. Alouette. 120. 130. Tapatap, tapatap, tapatap. Notre compte à rebours est commencé, ma Lola.

Ma Lola.

Ma Lola.

J'ai mes mains sur tes fesses et tu pleures.

Lola-*ma*-dingue.

— Je suis pas un cadeau.

— Ç'a quand même été ma fête, se marra-t-elle gentiment.

Il se mit à la verticale. Enveloppé de sa robe de chambre, il contemplait ses orteils. Ma petite bête d'amour. *Peace.* Faites l'amour, pas la guerre. Il sourit. Toutes ces conneries. Complètement désincarné. Complètement immatériel. Pla-nant.

— Où tu vas ? demanda Lola.

— Y a plus de café, y a plus rien.

C'était vrai. Mais il voulait aussi se confronter avec le quotidien, avec le réel. Faire une sorte de point. Ben oui. Il ne savait plus où il en était. D'ailleurs, il ne bougeait pas. Il regardait toujours ses doigts de pied. Mais ceux-ci ne lui apportèrent aucune réponse satisfaisante.

Alors, il la regarda. Elle. Lola.

— Qu'est-ce que tu peux bien me trouver ?

— T'en avais rien à foutre de moi.

— C'est seulement pour ça ?

Elle rigolait. Ça servait à quoi, les mots ? De toute façon, elle n'avait pas de réponse à lui donner. C'était comme ça. T'es à moto, tu te plantes dans un mur. Cinq minutes avant, tu savais même pas qu'il existait, ce mur. C'était comme ça.

Comme pour échapper à ses questions, elle roula sur elle-même. Il vit ses fesses, il vit son dos, il vit la cambrure de ses reins. Une peau lisse, sans grain, dont ses doigts gardaient le souvenir tiède, élastique. Mon petit chamois. Et de nouveau, l'irréalité.

Lambert sortit de la chambre sans faire de bruit, de peur de la voir disparaître, se dissoudre, s'envoler, partir en fumée.

Dehors, Lambert fut presque surpris de retrouver les gens semblables à eux-mêmes. D'abord étranger, il finit par s'intégrer petit à petit à la foule, par redevenir un autre parmi les autres. Puis la vague angoisse de l'impossible, de l'inaccessible. Déjà ? Arrête, Ducon, y a pas encore un quart d'heure, vous échangiez vos chaleurs, vos souffles, et plein d'autres choses encore.

Il passa devant l'épicerie sans s'arrêter et ne se réveilla que devant un des octrois de la Nation. Qu'est-ce qu'il fichait là ? Il se remit à marcher, soucieux. Est-ce que tout ça était bien raisonnable ? A mesure qu'il avançait dans le faubourg Saint-Antoine, voilà que Lola se mythifiait, s'idolisait, s'irréalisait. T'es où, ma biche ? Je suis le pauvre vieux chasseur solitaire qui traîne ses lattes en confondant espace et temps, distance et oubli.

Que de choses. Deux mecs étaient morts de ces mêmes mains qui l'avaient touchée, caressée. Deux mecs étaient morts qui tentaient de demander des comptes. Qu'est-ce que t'en penses, Bensoussan ? On arrête les frais ?

Néanmoins, il sauta dans le bus. Et ce bus le déposa justement là où il ne voulait pas aller : place de l'Odéon. T'as encore des morceaux de flic accrochés à tes basques. Secoue-toi, bon Dieu, refais-toi à neuf. Qu'est-ce que tu fous dans cette rue Dauphine ? Qu'est-ce que tu fous dans ce bistrot à demander la boutique de Dickie alors que dans ton lit t'attend une Lola-la-tendresse ?

Plus haut sur la droite. Un local bien blanc, bien clair, ripoliné. Miroir sans tain. Dickie expose des hyperréalistes déjà démodés. Dur l'art, dur. Maintenant, t'es rétro avant même d'avoir commencé.

Y avait un mec. Une espèce de gros pédé blondasse dont l'estomac torturait les boutons de chemise. Un instant, il posa son regard fatigué d'esthète sur celui de Lambert. Mais est-ce qu'un Dickie peut vraiment *voir* un Lambert ? A-t-il seulement conscience de son existence ?

Lambert respira à fond, et la crosse de son Magnum lui entra dans les côtes. Il se sentit soudain très fort, maître de lui-même et de plein d'autres choses. Maître du destin de ce type qui maintenant feuilletait un *Vogue* d'un air blasé. Cette grosse chose molle. Est-ce qu'une balle ne risquait pas de rebondir dessus ?

Dickie prit conscience du regard de Lambert et se détourna légèrement comme une diva outragée, une pucelle offensée. Pouah. Cette tronche. Il y a de ces gens parfois, chéri.

Pan, fit Lambert mentalement. T'es mort, grosse pédale. T'existes plus. T'as du pot. Sans Lola, j'aurais fait pan avec mon Magnum. Et tu serais encore plus mort. Complètement hyperréaliste sur ton lino blanc.

Il s'éloigna.

Merde, fit Bauer dans sa voiture garée un peu plus

haut. Il ouvrit la portière et se mit à courir pour rejoindre Lambert. Lorsqu'il arriva à la hauteur de celui-ci, il ajusta son pas sur le sien.

— Vous savez beaucoup de choses, dit-il.

Lambert ne répondit pas et continua de remonter la rue en direction des quais. Bauer aurait aussi bien pu ne pas exister. Mais l'O.P. insista.

— Je suis ici à titre privé. Pas d'yeux, pas de bouche, pas d'oreilles.

Ils étaient au feu. Bien que celui-ci fût vert, Lambert traversa sans même ralentir, sans même se soucier des voitures qui remontaient comme des projectiles le quai des Grands-Augustins. Bauer s'élança derrière lui en soupirant.

Ils arrivèrent sains et saufs de l'autre côté et s'engagèrent sur le Pont Neuf. Un peu plus loin, Lambert s'accouda dans un des décrochements du pont. Près de lui, Bauer en fit autant. Il ne savait vraiment plus quoi dire.

— Ces saloperies de tours, fit soudain Lambert. On les voit de partout.

Il regarda Bauer.

— Vous aimez les tours, vous ?

Bauer le regardait avec attention. Quelque chose lui échappait. Puis il comprit soudain : c'était Lambert tout entier qui lui échappait. Lambert était sur une autre planète, dans une autre galaxie. Lambert était devenu inaccessible. Pourtant, il disait :

— Paris est une ville horizontale, une ville plate, une ville basse. C'est une ville de vallée, une ville à villages et à jardins. Et tous ces salauds qui ont pondu leurs grosses merdes.

— Le progrès, soupira Bauer.

— Le progrès, c'est comprendre. Et ces gros cons

n'ont rien compris. Paris, c'est la mesure, la folie tranquille. Pastel. Pastel comme ses soleils couchants.

Tout cela gênait Bauer. Il avait l'impression de violer une intimité, un grenier de famille, un paquet de lettres d'amour.

— Vous êtes un poète, fit-il pour dire quelque chose.

— Je suis un con, oui.

— Pourquoi ?

— Parce que j'ai perdu trente ans de ma vie.

Il plongea la main dans son blouson et en sortit le Magnum. Il le tenait entre le pouce et l'index. Il tendit la main au-dessus de l'eau et lâcha l'arme. Instinctivement, Bauer la suivit des yeux. Il y eut un plouf tout juste perceptible.

— Dommage, murmura Bauer.

— Tchao pantin, fit Lambert sur le même ton.

— Hein ?

Mais Lambert s'éloignait déjà. Bauer le suivit longtemps des yeux, jusqu'à ce qu'il fonde dans la foule. Il se sentait trahi.

Lambert acheta tout de même du Nescafé et prit un énorme paquet de croissants chez la boulangère qui l'observa d'un air bizarre. Elle lui avait préparé sa demi-baguette. Et en plus, il oubliait sa monnaie.

Lambert montait l'escalier en se hâtant lentement. Il avait peur, mais ne voulait pas se l'avouer. Les premières retrouvailles. Etrangers de nouveau, ou bien ?... Lola. Il se trouvait lourd, épais, terrien. Lola. Appuyé au mur de l'escalier, l'œil dans le vague.

Lola.

Une voisine qui descendait s'écarta en le croisant.

Regard en forme de pincettes. Devait le croire bourré. Il rit, confirmant le diagnostic de la vieille. La vieille ? Elle a mon âge. Tant pis pour elle, bien fait pour elle. C'est une vieille. Lola. *Lola !* Il s'élança soudain dans l'escalier et ne s'arrêta que devant sa porte.

Il la regardait. Il ne bougeait plus.

Elle était entrouverte, sa porte. Suffisait de la pousser légèrement pour entrer. Mais ne l'avait-on pas plutôt laissée ainsi *en sortant ?*

Pauvre con, avec tes rêves d'adolescent, tes émois de puceau. Tu débarques d'où, dis ? Tu sors de quand ? Tu t'imaginais tout de même pas que ça allait finir par *La Marche nuptiale,* hein ? Allez, rentre, te fais pas remarquer, en plus.

Il entra. Et ne comprit pas. La pièce était sens dessus dessous, table et chaises renversées, objets divers répartis çà et là. Il posa machinalement ses paquets sur le fauteuil qu'il redressa du bout du pied.

La porte de la chambre était entrouverte. Il semblait y régner le même désordre. Puis, Lambert le vit, émergeant d'un drap en tas. Un pied. *Le pied de Lola.*

Elle était par terre, sa petite punk, recroquevillée sur elle-même comme ces bêtes blessées qui souffrent en silence et dont on sait seulement qu'elles ne sont pas mortes parce qu'on voit battre faiblement leur flanc.

Le flanc de Lola battait faiblement. De longues traînées brunes et sanglantes lui zébraient le dos, les bras, les jambes. Son visage était enfoui dans le drap. Lui aussi portait des traces de coups. Elle tremblait, les yeux clos, les lèvres pâles.

Agenouillé près d'elle, il lui caressa les cheveux,

collés par la sueur, collés par la peur. Des chasseurs s'étaient livrés à une chasse interdite. Des chasseurs avaient enfreint la loi. Car même la jungle a ses lois.

— Qu'est-ce qui s'est passé ? fit-il doucement.

Elle tremblait trop pour parler. Il n'insista pas et la prit dans ses bras pour la poser sur le lit, sur ce drap encore empreint de son corps. Le corps de Lola. Il la soigna, il la soigna longuement, lavant ce corps abîmé, pansant ces chairs torturées. Puis il l'embrassa longtemps, jusqu'à ce que s'atténuent ses tremblements, la serrant contre lui, lui communiquant sa chaleur, son amour.

Ben oui, son amour. Une évidence. Comme un néon qui clignoterait dans sa tête. *Ici, on s'aime.* En lettres bleues, en lettres de feu. En lettres de violence aussi.

— Ils étaient deux, dit-elle beaucoup plus tard. Complètement speedés. Ils voulaient savoir où t'étais. J'ai dit que je savais pas. Alors, ils ont commencé, ces ordures...

Le plus petit avait un rasoir. Les yeux bordés de rouge, complètement hystéro, il sabrait l'air en tous sens, comme s'il voulait y découper des lanières. Sans l'autre, peut-être même qu'il l'aurait saignée.

Du temps passa. Des morceaux de bonheur. Petit à petit, le souffle de Lola redevint régulier. Puis, elle s'endormit dans ses bras. Et ce temps immobile, ce temps silencieux fit bien plus pour eux, pour leur intimité, que bien des mots, que bien des gestes.

Lambert la déposa doucement en travers du lit et remonta le drap sur elle. Ne resta plus que la touffe jaune et vert de la fourrure de cette étrange petite bête.

Il quitta la chambre sans bruit. Il venait de décider

que la chasse était rouverte. Encore une petite battue, une dernière traque. La chasse au gros. Et son Magnum dans le lit de la Seine. Tout ça pour épater Bauer, le faire chier, affirmer une supériorité. Malin.

Quelques grandes claques d'eau glacée, un fond de café froid. Et un coup de rhum ? Non. Terminé. Adieu foulards, adieu madras.

Il était dans le couloir lorsqu'elle surgit soudain comme elle en avait le secret. Comme éjectée d'un avion, comme parachutée du ciel. A poil, naturellement. Et pas gênée du tout, bien sûr.

— Où tu vas encore ?

— Faire une course.

— T'y as déjà été ce matin.

— J'en ai pour cinq minutes.

— N'y va pas, n'y va pas.

— Cinq minutes, je te dis.

Elle tremblait.

— Tu vas encore jouer au con. Tu ne peux pas t'empêcher de jouer au con.

Elle s'approcha et ouvrit son blouson d'un coup sec. Elle cherchait l'arme, le Magnum. Ne trouva rien et parut un peu rassurée.

— Tu vois.

Il lui caressa la joue et elle s'accrocha aux deux pans de son blouson. Elle tremblait toujours. Froid. Peur. Amour. Va t'y retrouver, toi. Bouchon au creux d'une vague. Y en avait des choses qui avaient basculé depuis ce matin dans sa petite tête. De gros clichés et des petites idées toutes faites. Comment lui dire, à ce con, de ne pas sortir, de rester ? Rester. C'était chaud, c'était protecteur.

Il l'embrassa dans le cou, à la base de l'oreille.

Et puis des mots, des mots qui lui tombaient dessus comme des gouttes de rosée, des mots qui lui disaient :

— J'ai besoin de toi.

Dans le taxi, Lambert emmenait avec lui un morceau de ce couloir. Sa pénombre, sa ouateur. Les mots y sonnaient mat. Ils ne rebondissaient pas. Ils tombaient des lèvres pour être tout de suite aspirés, sucés par d'autres lèvres. Son odeur de menthe, son odeur poivrée, son odeur de femme.

Dickie se disait pour la énième fois et avec morosité que la gauche était décidément incompatible avec le libéralisme. Exiger des chèques pour des transactions concernant les œuvres d'art. Béotiens. Bande d'instits barbus. Il éprouvait une haine viscérale pour les barbes d'instits. C'était, selon lui, des barbes tristes, des barbes de frustrés, des barbes de culs-bénis. On peut être cul-béni et athée. Suffit d'adorer quelque chose. N'importe quoi. Une rose, une faucille. Une équerre. Dickie n'aimait pas non plus les francs-macs. Même combat. Aucun n'avait une tronche à avoir pris son pied. A avoir su ce qu'était le plaisir. Celui d'un corps, celui d'un sexe.

Il s'attendrit sur cette saloperie de Gino qui avait la peau si douce et la queue si dure. Deux billets de cinq cents balles, il lui avait chauffé. Roulure, va. Petite pute.

C'est alors qu'il vit l'homme. Qu'est-ce que c'était que cette gueule impossible ? Encore ? Il avait un drôle d'œil, tu sais. De nos jours, mon chéri, n'importe qui a la gueule de n'importe quoi. Ce matin. C'était ça. Il l'avait vu ce matin même.

Cette fois, Lambert entra.

Dickie s'irritait de ne pouvoir le situer. Fric ? Pas

fric ? Avec le Loto, maintenant, on n'est plus sûr de rien. Il se leva, se fouillant pour se trouver un sourire aimable. L'homme le regardait. Puis il ouvrit la bouche et dit des choses incroyables, renversantes.

— Je m'appelle Lambert. Je suis pompiste et c'est moi qui ai tué Rollo et Toni.

Dickie battit des cils. Il y avait de quoi.

T'es content, Lambert ? Tu prends ton pied ? Longtemps que tu n'avais pas repiqué au truc, remis tes billes dans le jeu, renfilé ta peau de gendarme. La fatalité, bien sûr. Un pied entraîne l'autre, un geste en appelle un autre. Air connu. On crache en l'air et voilà que ça se transforme en champignon atomique.

Trop tard, se répondait Lambert. Trop tard. Nous sommes ainsi faits. Prédateurs par plaisir, suicidaires par connerie. Les Hommes. L'Honneur. Les Grands Principes. Quel con frustré et impuissant a inventé, pour remplacer l'amour, ces mortelles valeurs ?

Dickie le regardait, et à mesure que le silence se prolongeait, la peur l'envahissait. Une sale sueur d'homme qui boit trop, qui bouffe trop, qui magouille trop, ressortait sous son after shave, marquant bien cette trouille qui suintait de lui.

— On va fermer, dit Lambert.

— Fermer ? Qu'est-ce que vous me voulez ?

— On va fermer d'abord. On parlera après.

S'il n'avait pas dit qu'il était pompiste, il aurait pu valablement passer pour un flic, un de ces sales flics qui se croient obligés de coller à la mythologie du flic glacé et sans tripes. Un pompiste. Mon Dieu, mon

Dieu. D'un mouvement naturel, tellement naturel que Lambert en aurait sûrement été dupe s'il n'avait justement pas été jadis un de ces sales flics glacés et tout et tout, Dickie s'était propulsé vers son bureau dont il ouvrait déjà le tiroir.

— La clé, murmura-t-il d'un ton parfaitement anodin.

Cet œil bleu d'innocence qui plaisait tant quand il avait dix-huit ans. Il ne vit pas arriver Lambert et il ne prit conscience de son geste que lorsque le tiroir lui écrasa les doigts en se refermant brutalement dessus. Des larmes lui montèrent aux yeux. Il se mordit les lèvres pour ne rien laisser échapper devant cette brute.

Lambert rouvrit le tiroir et en sortit un 38 Spécial qu'il fourra dans son blouson. Un flingue, ça vit sa vie, c'est aussi à sa façon un *lonesome cow-boy*. Pas d'amis. Ça va, ça vient, sans état d'âme, tantôt dans une main, tantôt dans une autre, distribuant indifféremment à l'un ou à l'autre sa mort en comprimés.

Dans un angle de la galerie, une ouverture, l'amorce d'un escalier menant au sous-sol. D'un signe de tête, Lambert l'indiqua à Dickie. Comme celui-ci ne semblait pas vouloir comprendre, il dit, sans élever la voix :

— On descend.

Puis, il alla, lui-même, ôter le bec-de-cane.

On ferme. On descend. Ce « on » impersonnel et mystérieux fichait la pétoche à Dickie. Et ce regard couleur d'eau. Complètement vide. Ailleurs. Oui, mais où ? Voilà. Loin sûrement, très, très, très loin en arrière. Surgi du fin fond des temps, intact. Là d'où il avait dû ramener ces mœurs de sauvage. Les anthropopithèques étaient de retour. Le monde allait brûler au son des tam-tams. Dickie haïssait les rythmes syncopés et tentait en vain de reconvertir ses minets aux joies du baroque. Ah, Purcell. Ah, John Blow. Qu'est-ce qu'il disait, l'autre primate ?

— On descend.

Ses phalanges barrées de rouge commençaient à enfler. Faire subir aux couilles de l'autre un sort identique. Une grosse main. Une grosse main boudinée de travailleur manuel. Manquait plus que les ongles en deuil.

Frisson. Deuil. Avec ce pompiste dingue (un pompiste, mon chou, un pompiste !), tout était possible. Deuil. Qui allait le porter ? *Qui allait mourir ?*

La chemise collée aux omoplates, Dickie descendait, suivi de Lambert qui avait le pas lourd de la Fatalité, le pas pesant de la Justice immanente. Dickie collectionnait aussi volontiers les clichés.

Le sous-sol était aussi une salle d'exposition. Mais une salle nettement plus spécialisée. Là, l'hyperréalisme avait choisi une autre cible. Plus circonscrite, plus intime. A travers une vingtaine de tableaux d'un graphisme quasi photographique, de beaux éphèbes aux muscles longs, aux sexes charnus, aux glands congestionnés comme des pommes d'api, pratiquaient l'amour dans des positions qui relevaient plus du fantasme que de la réalité. Corps aériens, cambrures excessives, pénétrations impossibles. Avec leurs visages de danseurs, leurs interminables yeux de biche et leurs pieds ailés, ils semblaient obéir à quelque mystérieux maître de ballet surgi des espaces infinis.

Lambert regardait. Bof. Histoire de se rebecter, Dickie ne put s'empêcher de dire :

— Ça vous choque ?

Les primates, c'est bien connu, ça ne baise que pour procréer. Lambert ramena lentement son regard vers Dickie et dit d'une voix presque amusée :

— Pauvre con.

Mieux vaut l'insulte qu'une balle entre les deux yeux. Il n'avait pas tiré tout de suite, il ne le ferait pas si on ne lui en donnait pas l'occasion. C'était sûr. Enfin sûr à quatre-vingt-dix pour cent. Restaient dix pour cent à négocier. Ça, c'était son domaine. Restait à trouver la faille, le point faible.

— Je suis un con. C'est fort possible. On est toujours le con de quelqu'un. Ceci posé, qu'est-ce que vous me voulez ?

Cette pédale, au milieu de ses tableaux merdiques. Et moi, et moi, et moi qui rame, qui rame. Au creux de ses paumes, la chaleur de la peau meurtrie de Lola. Qu'est-ce qu'il foutait là, au lieu d'être près d'elle, de lui faire l'amour et de l'emmener au-delà de cette frontière, de ce cercle maudit, de ce ring sanglant ?

Il parlait, ce gros con ? Oui, il parlait. Il disait :

— Vous avez descendu Rollo et Toni. Je suppose que vous aviez vos raisons. Maintenant que vous avez sacrifié à la vengeance, on pourrait peut-être en rester là. Et discuter.

Est-ce qu'il entendait ? Est-ce qu'il écoutait seulement ? Il avait l'air d'un Bouddha boudeur, triste d'avoir paumé quatre de ses bras.

— Quand c'est une question de prix, on finit toujours par s'entendre, reprit-il. Quand on en sait autant que vous avez l'air d'en savoir, ça se négocie. Tout se négocie, tout.

Lambert regarda Dickie, et derrière Dickie, des

centaines et des centaines d'autres Dickie firent leur apparition, un peu comme les images répétées à l'infini de ces miroirs qui se font face. A l'infini. Des Dickie à l'infini, distribuant à l'infini une infinité de billets pour mieux corrompre et les corps et les âmes.

Merci, Dickie, t'as dit les mots qu'il fallait. Tu m'as rappelé juste à temps que je n'étais pas tout seul dans cette affaire, que moi aussi j'étais un reflet. Le reflet des Jean-Luc, des Bensoussan, des Lola. Et ils me poussent au cul, les salopiaux. Dame. Ils ne comprendraient pas bien que je te demande : « Combien ? »

Ça ne risquait pas. Ça faisait flap, flap, un gros bruit mou de pâte que l'on pétrit et repétrit. Ce n'était que les joues de Dickie sur lesquelles s'abattaient les mains de Lambert.

Dickie avait culbuté sur une chaise en reculant et fait tomber un de ses jolis tableaux. Et cette saloperie avait mis le pied dessus. L'obscurantisme passait, avec son 45 fillette. Il haletait, collé au mur. Tout était possible. Tout. Ce dingue.

Une accalmie, une parenthèse, un temps mort. Dickie en profita pour s'essuyer le visage d'un revers de manche. L'heure n'était plus à la distinction.

— Tu vas téléphoner à ton nègre, dit enfin Lambert.

— Quel nègre ?

— Ton importateur de merde.

— Qui croyez-vous donc que je sois ?

Le vouvoiement. Pour exorciser, tenir à distance.

— Un maillon de la filière. Et pas des moindres. Un grossiste, quoi. Mais, moi, ce qui m'intéresse, c'est l'autre, l'attaché culturel, celui qui se croit peinard derrière son immunité diplomatique.

Voilà. On y était. Et cela était bien plus terrifiant que les coups passés ou à venir. Une histoire folle, délirante. Un petit dealer se faisait buter et voilà qu'un pompiste — *vous avez bien dit un pompiste ?* —, oui, un pompiste... voilà donc qu'un pompiste remontait tranquillement la filière et butait... culbutait ses membres comme au *bowling*. N'allait tout de même pas s'offrir un *strike ?* Il savait. Indéniablement, il était au courant. Comment ? C'était une autre histoire. Il y avait plus urgent.

— Tu vas l'appeler, disait Lambert.

— Faites-le vous-même.

— Tu vas l'appeler, on gagnera du temps. Tu lui diras que celui qui a descendu Rollo et Toni est là, près de toi. Il te croira.

— Et après ?

— Tu me le passeras.

Lambert avait l'air d'en savoir tellement long que pas un instant Dickie pensa qu'il pouvait ne pas connaître les coordonnées du Noir. Gagner du temps ? Mais comment ? Et à quoi ça servirait avec ce type complètement déjanté ? Il dit néanmoins :

— Ça va vous servir à quoi tout ça ?

— Téléphone.

— Vous savez ce qui risque de m'arriver si...

— Et tu sais ce qui t'arriveras si ?...

Une hésitation encore, puis :

— Qui vous a parlé de *lui ?*

Lambert sourit. S'il savait. S'il savait qu'un petit fouille-merde, appelé Bensoussan, avait remonté bêtement la filière. Mais se cachaient-ils vraiment les uns et les autres ? Ne disait-on pas un trafiquant *notoire ?* Notoire : *connu de tous*. Voilà. Connus de tous. Des flics, de la justice, voire du grand public qui pouvait lire leurs noms dans la presse, suivre leur saga, de leur naissance à leur mort. La beauté de leurs femmes, le luxe de leurs voitures, la somptuosité de leurs funérailles. Notoire. Il suffisait donc d'être *notoire* pour devenir invulnérable. Car, bien entendu, notoire va avec fric. Et qui dit fric, dit protections. Donc liberté. Et plus personne pour s'insurger de ce qu'un trafiquant puisse avoir cette notoriété, être libre et même protégé. Pour la morale, bien sûr, l'arrestation, de temps à autre, d'un passeur, d'une fourmi. Ou la grande enquête d'un grand journal. Le point de vue de tous : flics, sociologues, camés. Et dans un fauteuil de style, lisant l'enquête avec un plaisir pervers, un trafiquant. *Notoire,* évidemment.

Mais cette fois, il y avait eu un grain de sable. Il s'appelait Bensoussan.

— C'est un grain de sable qui m'a tout raconté, dit Lambert.

Dickie ne comprit pas et il eut peur, parce que tout ce qu'il ne comprenait pas commençait d'abord par lui faire peur.

Ça traînait. Lambert sortit le 38, histoire de presser quelque peu le mouvement. Dickie fit une dernière tentative :

— Vous vous foutez de ce qui peut arriver ?

— C'est à peu près ça.

— Mais enfin, merde, s'énerva soudain Dickie, vous êtes pompiste. Qu'est-ce que vous avez, à vous prendre pour un justicier ?

— Téléphone, dit Lambert. J'ai eu une rude journée et je ne voudrais pas me coucher trop tard.

Ne pas se coucher trop tard. Seul un dingue peut

parler comme ça. d'ailleurs, seul un dingue peut vendre de l'essence la nuit et jouer les justiciers le jour. Dickie soupira. Il avait fait ce qu'il avait pu. Il décrocha l'appareil, composa un numéro. Après quelques instants, il dit :

— Allô ? Dickie à l'appareil... Oui, oui, je sais. Oui... Mais si je vous appelle maintenant, c'est qu'il y a une urgence... Evidemment que c'est grave...

Il regardait Lambert qui semblait être ailleurs, reprit :

— Le... le pompiste... le dingue... il est là, à côté de moi. Et il veut vous parler. Quoi ?... Mais, j'en sais rien, moi ! Il savait déjà tout en arrivant ici. Non... je n'ai même pas eu besoin de parler. Eh bien, vous lui demanderez, je vous le passe.

Les peurs additionnées de Dickie l'enveloppaient d'une pellicule de sueur grasse. Le combiné était moite, chaud et humide lorsque Lambert le lui prit des mains.

— Ecoutez-moi attentivement, dit Lambert. On ne va pas mettre la planète à feu et à sang. Alors, voilà ce que je vous propose. Vous savez où j'habite puisque... Eh bien, passez me prendre ce soir à neuf heures... Pas la peine de vous méfier... je serai seul et je vous attendrai devant mon immeuble. Eh bien... on parlera.

Il raccrocha. L'autre avait dit : okay.

Lambert était déjà en train de remonter l'escalier en emportant le 38 de Dickie en souvenir. Celui-ci n'avait plus de jambes, plus de voix, plus rien. Je bande tout mou, mon chéri. C'était la déprime. Il connaissait. Il se laissa choir sur un tabouret et se mit à rire.

Les ravioli, c'est le luxe des pauvres. Un peu de chianti et c'est la fête. *Buongiorno Napoli. Arrivederci Roma.* Lampions verts, blancs et rouges. Sur le *Ponte Vecchio,* on y danse, on y danse, et là où il y a de la *Gênes...*

Ça cramait. *Italia,* tes ravioli se font la valise. Lola les regardait d'un air dégoûté. Ça lui était venu comme ça. Des idées connes qu'on a comme ça quand on plane, qu'on navigue à côté de ses mexicaines et qu'on attend le printemps à l'Epiphanie.

Grâce à quelques accessoires de maquillage qu'elle trimbalait dans les poches de son blouson, elle avait planqué tant bien que mal les traces de la visite des deux speedés. De temps à autre, elle s'offrait un flash sur ce qu'elle aimerait leur faire si jamais elle pouvait les choper avec deux ou trois de ses potes. Juste un flash. Le cœur n'y était pas vraiment.

Elle avait failli craquer en se voyant avec ses pochons pleins de boustifaille. Depuis quand ça lui était pas arrivé de faire les courses ? A douze ans, elle avait envoyé dinguer la mamma pour un paquet de clopes. Marre. Les clopes pour l'une, le gros rouge pour l'autre. Et les paquets de spaghetti. Et le lait condensé pour le petit dernier. Dès que le petit dernier n'était plus qu'un dernier, crac, on en foutait un autre en route.

Ils baisaient au milieu des chiards puisque l'appart n'était pas assez grand pour offrir une chambre à chacun. Religion et morale obligent : on séparait les sexes. Misère. Et les caves, alors, c'était fait pour quoi ? Quand son père sautait sa mère, tout son italien lui revenait. On aurait dit Alberto Sordi en V.O.

N'empêche que les ravioli avaient un aspect brun

chocolat pour le moins étrange. Lola coupa le gaz. Elle ne voyait rien de mieux à faire.

Elle avait redressé les meubles, mis le couvert. Elle flottait. Camée sans came. Ce mec. Qu'est-ce qui lui arrivait donc ? Et ses potes, lointains, tout là-bas, là-bas, si petits, si peu de chose. Ce mec.

Qu'est-ce qu'il foutait, merde ?

La porte claqua. Et il fut là. Et ils furent l'un devant l'autre. Puis l'un contre l'autre. Pas de mots. Y a pas que les grandes douleurs qui sont muettes. Et puis, c'était pas leur genre. En outre, des mains, des lèvres, des yeux, ça parle, ça raconte, ça promet, ça sait se faire tendre comme un murmure, violent comme un cri d'amour.

Alors, les mots.

Il était sept heures. Le jour musardait mais on le sentait fatigué, sur le point de tomber. Lambert avait ri en voyant la table. Re-ri en découvrant les ravioli. Et les matières grasses, ma petite bête d'amour ? Je t'apprendrai. Je t'apprendrai quand... si...

— On fait l'amour à la place ?

Why not ? De quoi demain sera fait ? Demain est si loin. Demain n'est qu'une projection hasardeuse. Demain n'existe que lorsqu'il s'appelle aujourd'hui.

Et aujourd'hui, c'est maintenant. Il s'appelle ta peau, il s'appelle ton sexe. Ton ventre chaud et tes yeux pers.

— C'est quoi, pers ?

— Entre le bleu et le vert.

— Mais ils sont noirs, mes yeux.

Huit heures et demie. Tchao, chianti. Bouteille, tu n'es plus qu'une lampe sans abat-jour. Lola était nue, sans impudeur. Drapé dans sa robe de chambre, Lambert la regardait. L'impression d'avoir passé la ligne, changé d'hémisphère.

— Ça te dirait de partir ?

— Où ça ?

— Ailleurs.

Pour repartir à zéro, rien de tel que de commencer par partir. Schéma classique, démarche traditionnelle. Et partir, c'est changer de pompes, changer de peau. Aller voir ailleurs si la vacherie est moins vache.

— Où ça, ailleurs ?

— De l'autre côté de l'équateur.

Carrément. Notion abstraite pour Lola.

Neuf heures moins vingt.

Moins il reste de temps, plus il cavale. Maintenant, Lambert finissait de se rhabiller et se regardait dans la glace. Il se prenait pour un con, franchement pour un con. Ce n'était pas une coquetterie de plus, une fausse modestie de dernière heure. Non, il se prenait pour un con. Et comme il était con, il allait se conduire comme un con. Malheureusement, il ne voyait pas comment l'éviter.

Toujours face à la glace, il vit la porte s'ouvrir. Lola apparut dans sa nudité candide et néanmoins sensuelle. Une hanche en avant, les seins en bataille, il y avait au fond de son œil noir les flammes infernales que naguère encore y allumait l'autre Lola, Lola-la-dingue.

— Pourquoi tu t'es habillé ?

— Un coup de fil à donner.

— A qui ?

— L'agence de voyages.

— A cette heure-là ?

Il eut une espèce de vertige en se tournant vers elle. L'envie, l'envie déjà renouvelée de l'attraper, de l'emmener jusqu'au lit, de... Lola, bon Dieu, fais quelque chose.

Elle fit quelque chose. Alors qu'il s'étonnait

encore qu'elle l'ait laissé sortir de la chambre, il l'entendit qui disait dans son dos :

— Tu sortiras pas.

Il se retourna. Quelle vision. Cette fille nue, jambes écartées, pubis en avant, épaules arrondies dans la lumière psychédélique du couloir. Et qui pointait sur lui un 38 qu'elle tenait à pleines mains. Son 38 à lui.

Ils s'observèrent un instant. Intensité. Une autre manière de faire l'amour, de connaître la petite mort.

— Donne-moi ça.

— Des clous.

— Donne-moi ça, bon Dieu. Il est armé.

— Fais pas chier. Et déshabille-toi.

— Quoi ?

— T'as bien compris. Allez, déloque-toi. Marre de tes conneries.

— Quelles conneries ?

— Je ne sais pas dans quel coup pourri t'es, mais je sais que t'es dans un coup pourri. T'es aussi con qu'une bande dessinée, tiens. Seulement, moi, je préfère un mec vivant qu'un Superman mort. Alors, tu te déloques et tu te fous au pieu. Merde.

Lambert se marrait. Ça voulait dire plein de choses. D'abord qu'il ne faut pas confondre bête sauvage et petite bête, que l'amour, c'est pas forcément un tranquillisant, et qu'une Lola-la-dingue ne veut bien être une Lola qu'autant qu'on la respecte. Tu savais encore pas tout, Lambert.

Si, t'as tout de même appris quelque chose d'autre. C'est qu'elle t'aime, ta punk, ta souris orange et vert. Même si elle a une façon particulière de te le faire savoir. Par jeu, par provocation, il demanda :

— Et si je refuse ?

— Je te colle un pruneau dans le mollet.
— Tu le ferais ?
— Evidemment.

Il n'en doutait pas. Le coup des ravioli et de la table mise n'était qu'un moment d'euphorie, un moment d'oubli, un moment de faiblesse. Une Lola-la-dingue dans ta vie, ça vaut bien un tigre dans ton moteur.

Sa Walkyrie. Son Amazone. Il l'imaginait ainsi, la femme de demain, menaçant l'homme pour qu'il cesse enfin de faire la guerre, pour qu'il pose enfin son cul, pour qu'il n'ait enfin d'autre souci que de lui faire l'amour.

Il hocha la tête, apparemment vaincu, et revint vers elle en ôtant son veston. Vlouf. T'es un beau dégueulasse, Lambert. Tu viens d'utiliser des procédés de basse police, de flic vicelard, et ta petite punk n'a rien vu venir. Pourri, va. T'es bien un homme d'aujourd'hui.

Non, elle n'avait rien deviné, rien pressenti. Elle regardait, stupide, Lambert ramasser le 38 qu'il avait réussi à lui arracher en jouant les matadors avec son veston.

— T'es content, maintenant ?
— Non.
— Pauvre mec, va.

Elle fit demi-tour et s'enferma en claquant la porte.

Neuf heures moins dix.

Il frappa chez la concierge :

— Bonjour, madame machin, oui, oui, c'est moi. C'est pour téléphoner. Je vous dérange pas dans votre feuilleton ? Ah, c'est culturel ? Pas grave, alors.

Par chance, il était encore à son commissariat, le

flic par vocation. Qu'est-ce qu'il foutait à son bureau à une heure pareille, l'O.P. Bauer ?

— Lambert à l'appareil. J'ai envie de vous faire un cadeau.

— C'est gentil.

Circonspect et méfiant, quand même. Lambert reprit :

— A votre avis, est-ce qu'une immunité diplomatique, ça résiste à un flagrant délit d'assassinat ?

— Qu'est-ce que vous voulez dire ?

La concierge écarquillait les yeux devant un scientifique nouvelle vague qui tentait de vulgariser la théorie de la mécanique ondulatoire. Pour elle, c'était quelque chose qui s'apparentait à une permanente. C'est dire si elle se foutait de ce que disait Lambert. Lambert qui expliquait :

— Dans une dizaine de minutes, il sera en bas de chez moi, votre nègre. Une occasion en or de lui faire sa fête. C'est le devoir d'un flic que d'abattre un type qui tire sur d'honnêtes citoyens, non ? Ne ratez pas ça, Bauer. *Ne le ratez pas.*

— Qu'est-ce que vous racontez ?... Lambert ? Lambert ? Ecoutez-moi, nom de Dieu. Vous êtes cinglé ? Vous ne croyez tout de même pas...

Lambert raccrocha en souriant. Il sortit un franc qu'il posa près de la concierge.

Neuf heures moins cinq.

— Moi, je préférais Guy Lux. Pas vous, monsieur Lambert ?

Il n'écoutait pas, il n'entendait même pas. Il imaginait Bauer dans son commissariat. Qu'allait-il faire ? Considérer son coup de fil comme une conversation privée ?

— *Pas d'yeux, pas de bouche, pas d'oreilles.*

Non. Bauer se croyait un flic de vocation. Tant qu'il en serait persuadé, il serait sans cesse sur la brèche. Coups de fil. Feu vert. Ordres. T'aimerais ça, Bensoussan. Tu te souviens de ces poulets qui n'en finissaient pas de partir. Toi, avec ta pétoche. Et moi qui cherchais une bougie que je n'avais pas. Pose tes fesses sur un nuage et ne rate pas ça, petit.

Inch Allah. Ou Yahvé. Peu importe.

Neuf heures.

Madame la gardienne d'immeuble venait de changer de chaîne. Sur celle-ci, on débattait de l'avenir de la peinture. Le nouveau figuratif.

— Y se foutent de nous ou quoi ?

— C'est un complot, dit Lambert, confidentiel. Un plan secret du gouvernement. Destiné à faire éponger par les populations les excédents de vin du Midi tout en faisant monter le taux de natalité.

Elle le regarda partir d'un œil incertain. Décidément, depuis le 10 mai, plus rien n'était comme avant. Même les locataires.

Lambert vit la voiture à travers la porte vitrée. Une Mercedes noire. Vitres teintées probablement, car on ne voyait rien à l'intérieur. *Il* était à l'heure. Lambert déboutonna sa veste et ouvrit la porte.

Dans cette rue toute bleue pour cinéma noir, tout se passa très vite. Après tout, on était entre professionnels. Aurait fait beau voir que l'on hésitât, que l'on se manquât.

A la place de la vitre avant qui se baissait silencieusement, apparut le canon d'une arme. Lambert arracha son 38 comme il le faisait au bon vieux temps et tira dans la foulée. Deux fois. Les balles de l'autre sifflèrent à ses oreilles. Il rit.

C'était prématuré. Si Vitre-Avant n'était plus

opérationnelle, Vitre-Arrière, elle, par contre, avait des ressources que Lambert n'avait pas prévues. Il en tomba sur le cul.

Il en tomba sur le cul parce qu'il venait de prendre deux balles dans la peau.

La rue s'anima soudain. A chaque bout, Bauer et ses boys déclenchèrent leur cirque. A l'étage, Lola se mit à hurler par la fenêtre ouverte et disparut aussitôt. D'autres s'ouvraient un peu partout.

Lambert était tombé en travers de l'entrée de l'immeuble. De l'arrière de la Mercedes avait jailli un petit type, un tueur fou, une mitraillette sous le bras. Il bondit jusqu'à la portière avant et l'ouvrit. Le chauffeur glissa à terre, très évidemment mort.

Le petit tueur n'eut pas le temps de l'arracher du siège pour prendre sa place. De part et d'autre, les policiers se rapprochaient dangereusement. Alors, il s'adossa à la voiture et balança une courte rafale à droite et à gauche.

A droite et à gauche, on s'arrêta. Planqué derrière la portière ouverte, noyé dans l'ombre entre deux lampadaires, on le voyait à peine. Il y eut un instant d'incertitude, donc d'accalmie. De nombreuses têtes, qui étaient rentrées au son des rafales, ressortaient avec prudence.

Lola, enveloppée dans la robe de chambre de Lambert, surgit dans le couloir et se précipita vers Lambert dont elle apercevait une partie du corps. La minuterie en s'éteignant lui sauva probablement la vie car, en face, le petit tueur qui avait deviné un mouvement, avait mal ajusté son tir.

— Planque-toi, murmura Lambert.

Il n'était donc pas mort. Mais sa chemise était pleine de sang. Se planquer. Ça voulait dire quoi?

Elle s'agenouilla et posa sa tête contre la sienne en murmurant très bas :

— Pourquoi t'as fait ça, hein ? Pourquoi t'as fait ça ?

Dehors, les flics faisaient les sommations d'usage. Prudence. Lola leva la tête. Et elle le vit. Lui. Le petit tueur. Le speedé de l'après-midi. L'amateur de rasoir. Il gueulait :

— Si vous approchez, je flingue tout le monde.

Il tentait d'avoir le regard panoramique pour savoir de quel côté allait venir sa mort prochaine et inévitable. Il se trompait. Sa mort était en face de lui.

Lola venait de découvrir, à quelques centimètres d'elle, le 38 de Lambert. Elle le ramassa, et tout se passa comme la fatalité l'avait décidé de toute éternité. Même que c'était écrit à la ixième page de son Grand Livre de la Vie et de la Mort.

Lola tira et vida le chargeur en visant là où c'était le plus clair, le mieux éclairé. La tête du speedé se transforma en purée rose qui gicla sur la carrosserie de la Mercedes.

Puis, ce fut la ruée. La curée. Les cris. Les coups de sifflet. Les gyrophares. Talkie-walkie et ambulances. Interpellations. Hystérie publique. Le grand cirque des faits divers, des mises à mort, des tragédies populaires.

Lola avait redressé tant bien que mal Lambert et se tenait à genoux devant lui. Il lui avait dit : bravo. *Bravo*. Ce qui l'avait fait sangloter de plus belle.

Bauer surgit, complètement surexcité, comme s'il avait été réglé sur du 110 et branché sur du 220. Disjoncterait sûrement avant la fin de la nuit. Il aperçut Lambert et se mit à hurler :

— Alors ? Espèce de con ? Qu'est-ce que vous

imaginiez ? Qu'il allait venir en personne, votre nègre ? Hein ? Qu'il allait tomber dans votre piège à la noix ?

Lambert souriait d'un air entendu. Bauer se tut brusquement en découvrant le plastron de sang qui noyait la chemise de Lambert. Un ancien de la Grande Maison. Aussi taré que lui, finalement. Il se redressa en hurlant par-dessus l'agitation environnante :

— Ambulance, ambulance.

Lambert toussa. Il se sentait un peu las, un peu flottant. Le sevrage, certainement. Pas important. Parce qu'il était là, son petit félin. Patte de velours et œil humide. Lola-Lola. Elle se penchait sur lui, posant ses lèvres sur son visage. Le parfum de son haleine dans cette nuit de mort. Ton odeur poivrée de menthe sauvage. La saveur amère de tes larmes. Je te bois, ma petite bête, je te bois, je te hume. Coule, coule en moi. Tchao, ma biche. Rendez-vous de l'autre côté de la ligne, ma Lola. Au-delà de l'équateur. Ta chaleur, tu sais, c'est déjà les tropiques.

Et voilà que Lola qui pleurait sentit soudain quelque chose. Une chose surprenante, impensable. Une chose qui se manifestait sous le pan de sa robe de chambre, une chose qui remontait le long de sa cuisse, la secouant d'un long frisson. *C'était la main de Lambert.* La main de Lambert aux doigts fébriles, pressée comme une bête qui rentre au gîte. Ce mec. Pas vrai. Tout sanguinolent et puis. Lola s'ouvrit.

Alors, la main de Lambert s'immobilisa dans l'entrejambe et se blottit là, comme un animal familier, contre la fourrure soyeuse du sexe de Lola. Elle serra les cuisses, elle l'enferma dans sa chaleur, comme si elle voulait le retenir, l'accoucher, lui redonner la vie.

Lambert sourit. Et ferma les yeux.

Tchao pantin ?

Le flippé n'était plus que deux orbites creuses. Je demandai :

— Alors ? Lambert... il est mort ou il est pas mort ?

On aurait dit qu'il s'était fait la valise en douce, qu'il n'avait laissé devant moi que son squelette recouvert de ses fringues pourries. Je pensais à Lola. Je crois que j'en étais amoureux. J'ai insisté :

— Tu réponds, quoi... merde.

Il se leva en se dépliant et je crus l'entendre craquer de partout. Il se gratta sous les bras en disant :

— Attends... je vais pisser.

Il ouvrit la porte. Une aube jaune soufre s'engouffra dans le troquet. Je vis mon flippé s'enfoncer dedans, s'y fondre petit à petit.

Ce salaud n'est jamais revenu.

FIN

DU MÊME AUTEUR

Chez d'autres éditeurs

FUMÉES, *poèmes* (La Première chance)

LA PISCINE, *roman* (Raoul Solar) *Porté à l'écran sous le même titre*

FEU ROUGE POUR CALONE, *roman* (Fleuve Noir, *Palmes d'Or du Roman d'espionnage)*

LES COMPAGNONS D'ÉLEUSIS, *roman* (Albin Michel) *Adapté à la télévision*

LE MUTANT, *roman* (Albin Michel) *Adapté à la télévision*

COLLECTION FOLIO

Dernières parutions

1675.	Catherine Rihoit	*La Favorite.*
1676.	William Shakespeare	*Roméo et Juliette. Macbeth.*
1677.	Jean Vautrin	*Billy-ze-Kick.*
1678.	Romain Gary	*Le grand vestiaire.*
1679.	Philip Roth	*Quand elle était gentille.*
1680.	Jean Anouilh	*La culotte.*
1681.	J.-K. Huysmans	*Là-bas.*
1682.	Jean Orieux	*L'aigle de fer.*
1683.	Jean Dutourd	*L'âme sensible.*
1684.	Nathalie Sarraute	*Enfance.*
1685.	Erskine Caldwell	*Un patelin nommé Estherville.*
1686.	Rachid Boudjedra	*L'escargot entêté.*
1687.	John Updike	*Épouse-moi.*
1688.	Molière	*L'École des maris. L'École des femmes. La Critique de l'École des femmes. L'Impromptu de Versailles.*
1689.	Reiser	*Gros dégueulasse.*
1690.	Jack Kerouac	*Les Souterrains.*
1691.	Pierre Mac Orlan	*Chronique des jours désespérés*, suivi de *Les voisins.*
1692.	Louis-Ferdinand Céline	*Mort à crédit.*
1693.	John Dos Passos	*La grosse galette.*
1694.	John Dos Passos	*42e parallèle.*
1695.	Anna Seghers	*La septième croix.*
1696.	René Barjavel	*La tempête.*
1697.	Daniel Boulanger	*Table d'hôte.*
1698.	Jocelyne François	*Les Amantes.*
1699.	Marguerite Duras	*Dix heures et demie du soir en été.*

1700.	Claude Roy	*Permis de séjour 1977-1982.*
1701.	James M. Cain	*Au-delà du déshonneur.*
1702.	Milan Kundera	*Risibles amours.*
1703.	Voltaire	*Lettres philosophiques.*
1704.	Pierre Bourgeade	*Les Serpents.*
1705.	Bertrand Poirot-Delpech	*L'été 36.*
1706.	André Stil	*Romansonge.*
1707.	Michel Tournier	*Gilles & Jeanne.*
1708.	Anthony West	*Héritage.*
1709.	Claude Brami	*La danse d'amour du vieux corbeau.*
1710.	Reiser	*Vive les vacances.*
1711.	Guy de Maupassant	*Le Horla.*
1712.	Jacques de Bourbon Busset	*Le Lion bat la campagne.*
1713.	René Depestre	*Alléluia pour une femme-jardin.*
1714.	Henry Miller	*Le cauchemar climatisé.*
1715.	Albert Memmi	*Le Scorpion ou La confession imaginaire.*
1716.	Peter Handke	*La courte lettre pour un long adieu.*
1717.	René Fallet	*Le braconnier de Dieu.*
1718.	Théophile Gautier	*Le Roman de la momie.*
1719.	Henri Vincenot	*L'œuvre de chair.*
1720.	Michel Déon	*« Je vous écris d'Italie... »*
1721.	Artur London	*L'aveu.*
1722.	Annie Ernaux	*La place.*
1723.	Boileau-Narcejac	*L'ingénieur aimait trop les chiffres.*
1724.	Marcel Aymé	*Les tiroirs de l'inconnu.*
1725.	Hervé Guibert	*Des aveugles.*
1726.	Tom Sharpe	*La route sanglante du jardinier Blott.*
1727.	Charles Baudelaire	*Fusées. Mon cœur mis à nu. La Belgique déshabillée.*
1728.	Driss Chraïbi	*Le passé simple.*
1729.	R. Boleslavski et H. Woodward	*Les lanciers.*
1730.	Pascal Lainé	*Jeanne du bon plaisir.*

1731.	Marilène Clément	*La fleur de lotus.*
1733.	Alfred de Vigny	*Stello. Daphné.*
1734.	Dominique Bona	*Argentina.*
1735.	Jean d'Ormesson	*Dieu, sa vie, son œuvre.*
1736.	Elsa Morante	*Aracoeli.*
1737.	Marie Susini	*Je m'appelle Anna Livia.*
1738.	William Kuhns	*Le clan.*
1739.	Rétif de la Bretonne	*Les Nuits de Paris ou le Spectateur-nocturne.*
1740.	Albert Cohen	*Les Valeureux.*
1741.	Paul Morand	*Fin de siècle.*
1742.	Alejo Carpentier	*La harpe et l'ombre.*
1743.	Boileau-Narcejac	*Manigances.*
1744.	Marc Cholodenko	*Histoire de Vivant Lanon.*
1745.	Roald Dahl	*Mon oncle Oswald.*
1746.	Émile Zola	*Le Rêve.*
1747.	Jean Hamburger	*Le Journal d'Harvey.*
1748.	Chester Himes	*La troisième génération.*
1749.	Remo Forlani	*Violette, je t'aime.*
1750.	Louis Aragon	*Aurélien.*
1751.	Saul Bellow	*Herzog.*
1752.	Jean Giono	*Le bonheur fou.*
1753.	Daniel Boulanger	*Connaissez-vous Maronne ?*
1754.	Leonardo Sciascia	*Les paroisses de Regalpetra,* suivi de *Mort de l'Inquisiteur.*
1755.	Sainte-Beuve	*Volupté.*
1756.	Jean Dutourd	*Le déjeuner du lundi.*
1757.	John Updike	*Trop loin (Les Maple).*
1758.	Paul Thorez	*Une voix, presque mienne*
1759.	Françoise Sagan	*De guerre lasse.*
1760.	Casanova	*Histoire de ma vie.*
1761.	Didier Martin	*Le prince dénaturé.*
1762.	Félicien Marceau	*Appelez-moi Mademoiselle*
1763.	James M. Cain	*Dette de cœur.*
1764.	Edmond Rostand	*L'Aiglon.*
1765.	Pierre Drieu la Rochelle	*Journal d'un homme trompé*
1766.	Rachid Boudjedra	*Topographie idéale pour une agression caractérisée*
1767.	Jerzy Andrzejewski	*Cendres et diamant*
1768.	Michel Tournier	*Petites proses.*

1769.	Chateaubriand	*Vie de Rancé.*
1770.	Pierre Mac Orlan	*Les dés pipés ou Les aventures de Miss Fanny Hill.*
1771.	Angelo Rinaldi	*Les jardins du Consulat.*
1772.	François Weyergans	*Le Radeau de la Méduse.*
1773.	Erskine Caldwell	*Terre tragique.*
1774.	Jean Anouilh	*L'Arrestation.*
1775.	Thornton Wilder	*En voiture pour le ciel.*
1776.	XXX	*Le Roman de Renart.*
1777.	Sébastien Japrisot	*Adieu l'ami.*
1778.	Georges Brassens	*La mauvaise réputation.*
1779.	Robert Merle	*Un animal doué de raison.*
1780.	Maurice Pons	*Mademoiselle B.*
1781.	Sébastien Japrisot	*La course du lièvre à travers les champs.*
1782.	Simone de Beauvoir	*La force de l'âge.*
1783.	Paule Constant	*Balta.*
1784.	Jean-Denis Bredin	*Un coupable.*
1785.	Francis Iles	*... quant à la femme.*
1786.	Philippe Sollers	*Portrait du Joueur.*
1787.	Pascal Bruckner	*Monsieur Tac.*
1788.	Yukio Mishima	*Une soif d'amour.*
1789.	Aristophane	*Théâtre complet*, tome I.
1790.	Aristophane	*Théâtre complet*, tome II.
1791.	Thérèse de Saint Phalle	*La chandelle.*
1792.	Françoise Mallet-Joris	*Le rire de Laura.*
1793.	Roger Peyrefitte	*La soutane rouge.*
1794.	Jorge Luis Borges	*Livre de préfaces, suivi de Essai d'autobiographie.*
1795.	Claude Roy	*Léone, et les siens.*
1796.	Yachar Kemal	*La légende des Mille Taureaux.*
1797.	Romain Gary	*L'angoisse du roi Salomon.*
1798.	Georges Darien	*Le Voleur.*
1799.	Raymond Chandler	*Fais pas ta rosière !*
1800.	James Eastwood	*La femme à abattre.*
1801.	David Goodis	*La pêche aux avaros.*
1802.	Dashiell Hammett	*Le dixième indice* et autres enquêtes du Continental Op.
1803.	Chester Himes	*Imbroglio negro.*
1804.	William Irish	*J'ai épousé une ombre.*

1805. Simone de Beauvoir — *La cérémonie des adieux*, suivi de *Entretiens avec Jean-Paul Sartre (août-septembre 1974).*

1806. Sylvie Germain — *Le Livre des Nuits.*

1807. Suzanne Prou — *Les amis de Monsieur Paul.*

1808. John Dos Passos — *Aventures d'un jeune homme.*

1809. Guy de Maupassant — *La Petite Roque.*

1810. José Giovanni — *Le musher.*

1811. Patrick Modiano — *De si braves garçons.*

1812. Julio Cortázar — *Livre de Manuel.*

1813. Robert Graves — *Moi, Claude.*

1814. Chester Himes — *Couché dans le pain.*

1815. J.-P. Manchette — *Ô dingos, ô châteaux ! (Folle à tuer).*

1816. Charles Williams — *Vivement dimanche !*

1817. D. A. F. de Sade — *Les Crimes de l'amour.*

1818. Annie Ernaux — *La femme gelée.*

1819. Michel Rio — *Alizés.*

1820. Mustapha Tlili — *Gloire des sables.*

1821. Karen Blixen — *Nouveaux contes d'hiver.*

1822. Pablo Neruda — *J'avoue que j'ai vécu.*

1823. Mario Vargas Llosa — *La guerre de la fin du monde.*

1824. Alphonse Daudet — *Aventures prodigieuses de Tartarin de Tarascon.*

1825. James Eastwood — *Bas les masques.*

1826. David Goodis — *L'allumette facile.*

1827. Chester Himes — *Ne nous énervons pas !*

1828. François-Marie Banier — *Balthazar, fils de famille.*

1829. Pierre Magnan — *Le secret des Andrônes.*

1830. Ferdinando Camon — *La maladie humaine.*

1831. Milan Kundera — *Le livre du rire et de l'oubli.*

1832. Honoré de Balzac — *Physiologie du mariage.*

1833. Reiser — *La vie des bêtes.*

1834. Jean Diwo — *Les Dames du Faubourg.*

1835. Cesare Pavese — *Le camarade.*

1836. David Shahar — *L'agent de Sa Majesté.*

1837. William Irish — *L'heure blafarde.*

1838. Horace McCoy — *Pertes et fracas.*

1839. Donald Westlake — *L'assassin de papa.*

1840. Franz Kafka — *Le Procès*

1841.	René Barjavel	*L'Enchanteur.*
1842.	Catherine-Hermary-Vieille	*L'infidèle.*
1843.	Laird Koening	*La maison au bout de la mer.*
1844.	Tom Wolfe	*L'Étoffe des héros.*
1845.	Stendhal	*Rome, Naples et Florence.*
1846.	Jean Lartéguy	*L'Or de Baal.*
1847.	Hector Bianciotti	*Sans la miséricorde du Christ.*

Impression Bussière à Saint-Amand (Cher),
le 14 mai 1987.
Dépôt légal : mai 1987.
Numéro d'imprimeur : 670.

ISBN 2-07-037893-4. / Imprimé en France.
Précédemment publié aux Éditions Denoël.
ISBN 2-207-22810-x.